時代を動かした人々 8 [維新篇]

女王陛下の外交官

アーネスト・サトウ

古川 薫

目次

装画……岡田嘉夫
装丁……中村友和(ROVARIS)

プロローグ

あこがれのサムライの国

アーネスト・メイスン・サトウは、
一八四三年《ねん》六月《がつ》三十日《にち》、ロンドン北東部《ほくとうぶ》クラプトンの
バクルー・テラス十番地《ばんち》で生《う》まれた。
サトウ家《け》は中流家庭《ちゅうりゅうかてい》。
六人兄弟《にんきょうだい》と五人姉妹《にんしまい》の
典型的《てんけいてき》なヴィクトリア朝《ちょう》の大家族《だいかぞく》である。
アーネストは三男《さんなん》だ。
父親《ちちおや》のハンスはドイツ系《けい》イギリス人《じん》で、
厳格《げんかく》に子《こ》どもを育《そだ》てた。
規律《きりつ》をやぶると、
「黒《くろ》い友《とも》だち」というムチが容赦《ようしゃ》なく飛《と》んできた。
「黒《くろ》い友《とも》だち」はいつも食堂《しょくどう》の隅《すみ》の

ハンスの肘掛椅子《ひじかけいす》のうしろに立《た》てかけてあった。
アーネストも何度《なんど》かは、「黒《くろ》い友《とも》だち」のお世話《せわ》になった。

一八四三年《ねん》は、日本《にほん》でいうと天保十四年《てんぽうじゅうよねん》。
やがてアーネストと下関《しものせき》で会《あ》うことになる
高杉晋作《たかすぎしんさく》が三歳《さい》だった。
その年《とし》、世界最初《せかいさいしょ》の水底《すいてい》トンネルが
テームズ河《がわ》の下《した》に完成《かんせい》、
ヴィクトリア女王《じょおう》が王位《おうい》についてから六年目《ねんめ》に、
極東《きょくとう》へ侵出《しんしゅつ》したイギリスが清国《しんこく》に仕掛《しか》けた
アヘン戦争《せんそう》が終《お》わった翌年《よくねん》、
アーネストはこの世《よ》の人《ひと》となった。

「サトウ」の姓《せい》は、
ドイツ東部《とうぶ》の小《ちい》さな村《むら》の名《な》Stowからきている。
「サトウ」は日本《にほん》の「佐藤《さとう》」とほとんどおなじ発音《はつおん》だから、
日本人《にほんじん》には親《した》しみやすい。
サトウが日本《にほん》にあこがれるようになったのは、
兄弟《きようだい》のひとりが図書館《としよかん》から借《か》りてきた
ローレンス・オリファントという人《ひと》が書《か》いた
『一八五七年《ねん》〜五九年《ねん》における
エルギン伯使節団《はくしせつだん》の清国《しんこく》・日本訪問記《にほんほうもんき》』
という本《ほん》を読《よ》んだのがきっかけである。
エルギン卿《きよう》は、当時《とうじ》のインド総督《そうとく》である。
そこにある日本《にほん》は空《そら》がいつも真《ま》っ青《さお》で、絵《え》のように美《うつく》しく、おとぎ話《ばなし》のようなロマンティックな東洋《とうよう》の国《くに》だった。
ヨーロッパの人《ひと》はそれ以前《いぜん》
マルコポーロが書《か》いた『東方見聞録《とうほうけんぶんろく》』で、
黄金《おうごん》の国《くに》ジパングの幻想《げんそう》を抱《いだ》いていたのだ。

中学《ちゅうがく》を卒業《そつぎょう》したサトウは難関《なんかん》を突破《とっぱ》して、
ロンドンのユニバーシティ・カレッジに合格《ごうかく》した。
そしてある日《ひ》、学校《がっこう》の図書館《としょかん》に行《い》き、
ぴかぴかに磨《みが》いたマホガニーのテーブルの上《うえ》にあった
外務省《がいむしょう》の告示《こくじ》を見《み》つける。
「アジア行《ゆ》き通訳生《つうやくせい》、三名募集《めいぼしゅう》、公開試験《こうかいしけん》」
胸躍《むねおど》らせてただちに応募《おうぼ》したアーネスト・サトウは十八歳《さい》。

応募者《おうぼしゃ》二十四人《にん》、八倍《ばい》の競争率《きょうそうりつ》を勝《か》ちぬいて、
見事《みごと》、外務省《がいむしょう》の通訳生《つうやくせい》となる。
日本《にほん》・清国《しんこく》のいずれかを選択《せんたく》できた。
もちろんサトウは日本《にほん》を希望《きぼう》する。
一八六一(文久元《ぶんきゅうがん》)年《ねん》十一月《がつ》、
サトウは東洋《とうよう》にむかう船《ふね》に乗《の》り、サザンプトン港《こう》を離《はな》れた。
日本語《にほんご》を学《まな》ぶまえ、漢字《かんじ》に慣《な》れるのがよいというので、
いったんは清国《しんこく》に立《た》ちより、中国語《ちゅうごくご》を勉強《べんきょう》させられた。
そしてやっとあこがれのジパング、横浜《よこはま》に着《つ》いたのは、
一八六二(文久二《ぶんきゅう》)年《ねん》八月《がつ》十五日《にち》である。
生《う》まれてはじめてサトウが見《み》た日本《にほん》は、
聞《き》いていたとおり紅葉《こうよう》の美《うつく》しい東洋《とうよう》の島国《しまぐに》だったが、

平和《へいわ》なおとぎの国《くに》ではなく、
外国人《がいこくじん》を狙《ねら》う暗殺者《あんさつしゃ》が横行《おうこう》する恐《おそ》ろしい国《くに》だった。
政治《せいじ》情勢《じょうせい》は危《き》険《けん》をはらんで荒《あ》れ狂《くる》い、
血風《けっぷう》吹《ふ》きすさぶといった不《ふ》安《あん》な時《じ》代《だい》にはいっている。
外国人《がいこくじん》を撃《う》ち払《はら》えという「攘夷《じょうい》」思《し》想《そう》が燃《も》えさかるさなかに
飛《と》びこんできたようなものだった。
サトウはそれで落胆《らくたん》したかといえば、そうでもない。
冒険心《ぼうけんしん》をたぎらせたイギリス青年《せいねん》、
女王陛下《じょおうへいか》の外交官《がいこうかん》、
いやまだ外交官《がいこうかん》とはいえない、イギリス公使《こうし》館《かん》の通訳生《つうやくせい》は、
鎖《さ》国《こく》から解《と》きはなされたばかりの
日本上陸第一歩《にほんじょうりくだいいっぽ》を踏《ふ》みしめた。

第一章 異人襲撃

拳銃《けんじゅう》とサムライ

わたしアーネスト・サトウは、日本《にほん》に赴任《ふにん》するにあたって、護身用《ごしんよう》の拳銃一挺《けんじゅういっちょう》と弾丸《だんがん》、火薬《かやく》を買《か》いました。練達《れんたつ》の剣士《けんし》の手《て》にかかって異人《いじん》が斬《き》り殺《ころ》される危険《きけん》がいっぱいだと聞《き》いたからです。寝《ね》るときには、いつもそれを枕《まくら》の下《した》にしのばせておくとか、外国人居留地《がいこくじんきょりゅうち》の外《そと》に出《で》るとき、いつも拳銃《けんじゅう》を持《も》ち歩《ある》く必要《ひつよう》があると教《おし》えられました。

当時《とうじ》、これら護身用《ごしんよう》の武器《ぶき》は、

ずいぶんたくさん日本《にほん》に売《う》りこまれました。
上海《シャンハイ》のコルトやアダムスの商会《しょうかい》は
たいした繁盛《はんじょう》ぶりでした。
しかし、わたしは長年日本《ながねんにほん》で暮《く》らしましたが、
そのあいだに拳銃《けんじゅう》で命《いのち》をおとした人間《にんげん》の話《はなし》を
一度《いちど》だけしか聞《き》いたことがありません。
それはあるフランス人《じん》が、たいへん威嚇的《いかくてき》な態度《たいど》で
賃金《ちんぎん》の支払《しはら》いを要求《ようきゅう》した大工《だいく》を射殺《しゃさつ》した事件《じけん》です。
わたしの記憶《きおく》によれば、わたしたち「外国人《がいこくじん》」が、
拳銃《けんじゅう》の携帯《けいたい》をやめたのは、
明治《めいじ》二(一八六九)年《ねん》のことでした。
そのおもな理由《りゆう》は、拳銃《けんじゅう》は重《おも》くて不便《ふべん》だし、

血《ち》に飢《う》えたサムライが、わたしたちの命《いのち》を狙《ねら》うとすれば、
彼《かれ》らは、そのチャンスをうかがい、
こちらが拳銃《けんじゅう》をかまえる時間《じかん》を
あたえてくれるはずがない。
機先《きせん》を制《せい》して拳銃《けんじゅう》を発射《はっしゃ》する暇《ひま》などない。
だから持《も》ち歩《ある》いてもムダという結論《けつろん》に達《たっ》したのです。

「日本学《にほんがく》」の勉強《べんきょう》

イギリス公使館《こうしかん》は、開港場《かいこうじょう》といわれる横浜《よこはま》にあった。外国人居留地《がいこくじんきょりゅうち》にある簡素《かんそ》なホテルがサトウの宿舎《しゅくしゃ》だった。

以前《いぜん》は江戸《えど》高輪《たかなわ》の東禅寺《とうぜんじ》に公使館《こうしかん》をおいていたが、攘夷浪士《じょういろうし》の襲撃《しゅうげき》をうけたので横浜《よこはま》に移転《いてん》したのである。

公使《こうし》のラザフォード・オルコックは、その年《とし》の春《はる》、休暇《きゅうか》をとって帰国中《きこくちゅう》だったから、最初《さいしょ》にサトウが公使館《こうしかん》で会《あ》ったのは、代理公使《だいりこうし》のニール大佐《たいさ》だった。

白《しろ》い口髭《くちひげ》を生《は》やした恰幅《かっぷく》のよい初老《しょろう》の軍人《ぐんじん》で、通訳生《つうやくせい》のサトウには、やや尊大《そんだい》な態度《たいど》を見《み》せたが、職業《しょくぎょう》がそうさせるのであって、人間《にんげん》はわるくなさそう。五十三歳《さい》で、英国《えいこく》ではサーの称号《しょうごう》を持《も》っている。

サトウはまだ十九歳《さい》の通訳生《つうやくせい》だ。ひょろりとした長身《ちょうしん》の美青年《びせいねん》だった。彼《かれ》が上品《じょうひん》な口髭《くちひげ》を生《は》やしたのは、見習《みなら》い期間《きかん》の通訳生《つうやくせい》から通訳官《つうやくかん》に昇進《しょうしん》してからである。

公使館勤務《こうしかんきんむ》はまず日本語《にほんご》の勉強《べんきょう》からはじまった。サトウは日本《にほん》にはいるまえ、北京《ペキン》で中国語《ちゅうごくご》の手《て》ほどきをうけ、漢字《かんじ》を練習《れんしゅう》した。おかげで漢字《かんじ》だけは、すこし書《か》けるようになっているが、日本《にほん》では漢字《かんじ》の発音《はつおん》がまるでちがう。それに日本《にほん》には仮名《かな》という文字《もじ》があって、それもカタカナと平仮名《ひらがな》がある。

厄介《やっかい》なようだが中国語《ちゅうごくご》にくらべると、便利《べんり》なところもある。日本人《にほんじん》は中国《ちゅうごく》から輸入《ゆにゅう》した漢字《かんじ》の合理的《ごうりてき》な表記《ひょうき》の方法《ほうほう》をつくり出《だ》しているのである。サトウは、そこからも日本人《にほんじん》の持《も》っている独特《どくとく》の文化《ぶんか》を感《かん》じていた。

ニール大佐《たいさ》は日本語教師《にほんごきょうし》として、ふたりのアメリカ人《じん》をサトウに紹介《しょうかい》した。ヘボン博士《はくし》とブラウン博士《はくし》である。宣教師《せんきょうし》・医師《いし》・語学者《ごがくしゃ》のヘボン博士《はくし》は、日本人《にほんじん》にとってわすれられない人《ひと》である。

日本《にほん》にきたのはキリスト教《きょう》の伝道《でんどう》のためだが、若《わか》い人《ひと》の教育《きょういく》にあたったほか、日本初《にほんはつ》の和英辞典《わえいじてん》（『和英語林集成《わえいごりんしゅうせい》』）を完成《かんせい》させ、ヘボン式《しき》といわれる日本語《にほんご》のローマ字《じ》つづりを普及《ふきゅう》させた。

もうひとり宣教師《せんきょうし》ブラウン博士《はくし》は、『会話体日本語《かいわたいにほんご》』を上海《シャンハイ》で印刷《いんさつ》した。それをサトウにも贈《おく》ってくれた。最初《さいしょ》からよい先生《せんせい》に会《あ》えたものだった。ふたりの博士《はくし》からは文法《ぶんぽう》と会話《かいわ》を習《なら》った。サトウの上達《じょうたつ》ぶりはめざましかったが、やはり多《おお》くの時間《じかん》がとれる個人教授《こじんきょうじゅ》でないと思《おも》うように勉強《べんきょう》できない。それに直接日本人《ちょくせつにほんじん》から教《おし》えてもらわなければ実際《じっさい》の役《やく》に立《た》たないのだ。

サトウは公費《こうひ》で個人《こじん》の日本語教師《にほんごきょうし》につくことを要求《ようきゅう》したが、ニール代理公使《だいりこうし》は自分《じぶん》の権限外《けんげんがい》のことだから、オルコック公使《こうし》が帰任《きにん》するまで待《ま》てという。希望《きぼう》が実現《じつげん》したのは公使《こうし》が帰任《きにん》した翌年春以後《よくねんはるいご》である。

サトウは日本語《にほんご》の読《よ》み書《か》きも習熟《しゅうじゅく》しようと、習字《しゅうじ》をはじめた。当時東京《とうじとうきょう》でも有名《ゆうめい》な書家《しょか》として知《し》られている日本人《にほんじん》について美《うつく》しい書体《しょたい》を習《なら》った。日本流《にほんりゅう》の手紙《てがみ》の書《か》き方《かた》や草書《そうしょ》、楷書《かいしょ》までさまざまな書体《しょたい》も習《なら》い覚《おぼ》えた。

語学《ごがく》だけでなく、日本《にほん》の歴史《れきし》、日本《にほん》の政治《せいじ》、政局《せいきょく》の現状《げんじょう》まで、あらゆる機会《きかい》をとらえて「日本学《にほんがく》」ととりくんだ。

海洋国家《かいようこっか》のイギリスは、世界《せかい》いたるところに植民地《しょくみんち》を持《も》っている。アヘン戦争《せんそう》によって清国《しんこく》から香港《ホンコン》を奪《うば》ったが、上海《シャンハイ》にも進出《しんしゅつ》している。

北京《ペキン》にはいるまえ、サトウは船《ふね》が入港《にゅうこう》した上海《シャンハイ》でしばらく過《す》ごしたが、この大都市《だいとし》を半《はん》植民地《しょくみんち》として極東進出《きょくとうしんしゅつ》の足場《あしば》とし、いずれ日本《にほん》もという野心《やしん》をひそかに抱《いだ》いている母国《ぼこく》のことをイギリス人《じん》のサトウは感《かん》じとった。

「しかし日本《にほん》はちがう」

と、サトウは日本《にほん》にやってきて、すぐにそう直観《ちょっかん》した。

ヨーロッパから日本《にほん》にやってきた最初《さいしょ》の人物《じんぶつ》は、イエズス会《かい》の宣教師《せんきょうし》ザビエルだった。スペイン人《じん》の彼《かれ》はポルトガル王《おう》の援助《えんじょ》により、東洋《とうよう》での伝道《でんどう》をはじめた。

ポルトガルの下心《したごころ》は、日本《にほん》の植民地化《しょくみんちか》ということをザビエルも知《し》っていたが、「植民地《しょくみんち》にされている東洋《とうよう》のどの国《くに》とも日本《にほん》はちがう。日本《にほん》は決《けっ》して植民地《しょくみんち》にはならないだろう」といいながらザビエルは去《さ》って行《い》った。それは三百年《さんびゃくねん》ばかりまえのことだが、サトウはザビエルとおなじようなことを感《かん》じていたのである。

生麦事件《なまむぎじけん》

サトウが日本《にほん》にきたのは、アメリカのペリー艦隊《かんたい》がやってきて、むりやり鎖国《さこく》の扉《とびら》をひらいてから、およそ十年後《ねんご》のことである。

開国賛成論《かいこくさんせいろん》と反対論《はんたいろん》に沸《わ》きかえる状況《じょうきょう》が、いぜんとしてつづいている。開国《かいこく》の反対論《はんたいろん》は攘夷論《じょういろん》という。日本《にほん》に近《ちか》づく外国《がいこく》の船《ふね》や軍艦《ぐんかん》は撃《う》ち払《はら》えという過激《かげき》な思想《しそう》だ。そして日本《にほん》の国《くに》を治《おさ》める権力《けんりょく》は幕府《ばくふ》ではなく、この国《くに》で伝統的《でんとうてき》に君臨《くんりん》してきた天皇《てんのう》だと主張《しゅちょう》するのが尊王論《そんのうろん》である。この尊王論《そんのうろん》と攘夷論《じょういろん》がひとつになって「尊王攘夷論《そんのうじょういろん》」となった。略《りゃく》して、尊攘論《そんじょうろん》であり、この思想《しそう》をかかげた政治運動《せいじうんどう》が尊攘運動《そんじょううんどう》で、それに属《ぞく》する人々《ひとびと》を尊攘派《そんじょうは》という。

尊攘派《そんじょうは》の拠点《きょてん》は長門国《ながとのくに》(山口県《やまぐちけん》)の長州藩《ちょうしゅうはん》である。三十六万《まん》九千石《せんごく》の大藩《たいはん》だ。もうひとつの尊攘派《そんじょうは》は、長州《ちょうしゅう》から遠《とお》く離《はな》れた常陸国《ひたちのくに》(茨城県《いばらきけん》)の水戸藩《みとはん》だが、普通《ふつう》の藩《はん》ではない。徳川《とくがわ》御三家《ごさんけ》といわれ、将軍《しょうぐん》を出《だ》すことのできる家柄《いえがら》を誇《ほこ》る三十五万石《まんごく》のこれも大藩《たいはん》である。

幕府《ばくふ》の親戚《しんせき》のような水戸藩《みとはん》が尊王攘夷論《そんのうじょういろん》をかかげているところに、日本《にほん》という国《くに》の複雑《ふくざつ》さがあるが、とにかくこのころ日本《にほん》にやってくる外国人《がいこくじん》にとって、もっとも恐《おそ》ろしいのは長州《ちょうしゅう》と水戸《みと》のサムライたちだった。とくに水戸浪士《みとろうし》が危険《きけん》だ。攘夷主義《じょういしゅぎ》の彼《かれ》らが、外国《がいこく》人《じん》を狙《ねら》っているからだった。すでに何人《なんにん》かのイギリス人《じん》が、水戸《みと》の攘夷浪士《じょういろうし》に斬《き》り殺《ころ》されているのだ。

「外《そと》に出《で》るときは、充分《じゅうぶん》、気《き》をつけるように」と、注意《ちゅうい》された。

サトウが横浜《よこはま》に上陸《じょうりく》した文久《ぶんきゅう》二(一八六二)年《ねん》八月《がつ》十五日《にち》から六日後《むいかご》には、さっそく横浜《よこはま》郊外《こうがい》の生麦《なまむぎ》で、イギリス商人《しょうにん》が斬殺《ざんさつ》される事件《じけん》が起《お》こった。

騒《さわ》ぎを起《お》こしたのは、長州《ちょうしゅう》でも水戸《みと》でもない薩摩《さつま》のサムライである。

その日《ひ》、馬《うま》に乗《の》って散策中《さんさくちゅう》のイギリス商人《しょうにん》たちが、武州《ぶしゅう》(神奈川県《かながわけん》)生麦村《なまむぎむら》の街道《かいどう》を通《とお》りかかった薩摩《さつま》の島津久光《しまづひさみつ》(薩摩藩主島津忠義《さつまはんしゅしまづただよし》の父《ちち》)の行列《ぎょうれつ》を乱《みだ》した。久光《ひさみつ》は藩兵千人《はんぺいせんにん》をひきつれて江戸《えど》から京都《きょうと》にむかうところだった。供頭《ともがしら》の奈良原喜左衛門《ならはらきざえもん》らがイギリス人《じん》の無礼《ぶれい》を怒《おこ》って、リチャードソンを斬殺《ざんさつ》し、ほかのふたりに傷《きず》を負《お》わせた。

神奈川奉行《かながわぶぎょう》は、薩摩藩《さつまはん》に下手人《げしゅにん》のひき渡《わた》しと、事件糾明《じけんきゅうめい》のため行列《ぎょうれつ》のひきとめを要求《ようきゅう》したが、浪人体《ろうにんてい》のものが襲《おそ》ったとし、また外人《がいじん》を斬《き》った岡野新助《おかのしんすけ》という足軽《あしがる》はそのまま逃《に》げ去《さ》ったとだけ届《とど》けて出発《しゅっぱつ》してしまった。

大名《だいみょう》の行列《ぎょうれつ》を乱《みだ》した者《もの》は斬《き》りすててもよいという規則《きそく》を実行《じっこう》したまでだが、外国人《がいこくじん》には通用《つうよう》しない。重大《じゅうだい》な国際問題《こくさいもんだい》となった。

イギリス側《がわ》は謝罪《しゃざい》と下手人《げしゅにん》のひきわたしを要求《ようきゅう》したが、薩摩藩《さつまはん》は断固《だんこ》拒否《きょひ》した。幕府《ばくふ》が仲介《ちゅうかい》しようとしたが、薩摩《さつま》は強硬《きょうこう》な態度《たいど》をかえず、幕府《ばくふ》のいうことも、うけつけなかった。

「このまま、すますわけにはいかない」

と、代理《だいり》公使《こうし》のニール大佐《たいさ》は息《いき》まいている。

「どうするのです」

サトウがたずねると、

「薩摩《さつま》には賠償《ばいしょう》させる。武力《ぶりょく》に訴《うった》えても」

「戦争《せんそう》になるかもしれませんね」

「これは国家《こっか》の威信《いしん》にかかわる問題《もんだい》です」

ニール大佐《たいさ》はおごそかな口調《くちょう》でいった。交渉《こうしょう》はなかなかはかどらない。そのうちにまたイギリス人《じん》を怒《おこ》らせる事件《じけん》が発生《はっせい》した。こんどの下手人《げしゅにん》は、長州人《ちょうしゅうじん》である。

生麦事件《なまむぎじけん》から四カ月後《げつご》の十二月《がつ》十五日夜《にちよる》、品川御殿山《しながわごてんやま》に新築《しんちく》が成《な》ったばかりのイギリス公使館《こうしかん》が、長州《ちょうしゅう》攘夷派《じょういは》のサムライたちに焼《や》き打《う》ちされたのである。

これはまだ幕府《ばくふ》からイギリス側《がわ》にひきわたされるまえの空家《あきや》だったので、イギリス人《じん》の被害《ひがい》はなかったが、軽視《けいし》できない事件《じけん》だ。

そうこうしているうちに、戦争《せんそう》のような外国排撃事件《がいこくはいげきじけん》が、日本列島本州最果《にほんれっとうほんしゅうさいは》ての関門海《かんもんかい》峡《きょう》で起《お》こった。

文久《ぶんきゅう》三(一八六三)年《ねん》五月十日《がっとおか》、長州藩《ちょうしゅうはん》が関門海峡《かんもんかいきょう》を通航《つうこう》しようとするアメリカ船《せん》に攘夷《じょうい》の第《だい》一弾《だん》を撃《う》ちはなしたことから幕末《ばくまつ》の動乱《どうらん》ははじまった。

これから翌年《よくねん》八月《がつ》にかけてのいわゆる攘夷戦《じょういせん》は長州藩《ちょうしゅうはん》と諸外国《しょがいこく》との紛争《ふんそう》だが、やがて長《ちょう》州《しゅう》と幕府《ばくふ》との対決《たいけつ》に発展《はってん》する。

関門海峡《かんもんかいきょう》で砲撃《ほうげき》されたのはアメリカの船《ふね》であり、イギリスは無《む》関係《かんけい》だから、ニール代理《だいり》公使《こうし》はあまり騒《さわ》がず、もっぱら生麦事件《なまむぎじけん》のことで走《はし》りまわっていた。

薩摩《さつま》は絶対《ぜったい》に謝罪《しゃざい》しないとがんばっている。大名《だいみょう》の行列《ぎょうれつ》を乱《みだ》した者《もの》は斬《き》りすててもよいということになっており、それに従《したが》ったまでだというのである。

イギリス本国《ほんごく》からは「殺害人《さつがいにん》を吟味《ぎんみ》して処罰《しょばつ》し、日本政府《にほんせいふ》より高額《こうがく》の賠償金《ばいしょうきん》を出《だ》させるように」という断固《だんこ》たる処置《しょち》を訓令《くんれい》してきている。

公使館《こうしかん》は幕府《ばくふ》に抗議書《こうぎしょ》を送《おく》りつけた。殺傷行為《さっしょうこうい》を幕府《ばくふ》が野放《のばな》しにしていることの責任《せきにん》を追求《ついきゅう》し、謝罪状《しゃざいじょう》と賠償金《ばいしょうきん》十万《まん》ポンドを要求《ようきゅう》した。十万《まん》ポンドは、四十四万《まん》ドル、日本《にほん》のお金《かね》にして、二十六万《まん》九千《せん》六十六両《りょうに》二分《ぶ》二朱《にしゅ》にあたる。むろん幕府《ばくふ》にとっては大金《たいきん》である。

幕府《ばくふ》でも賠償《ばいしょう》する必要《ひつよう》はない、ただ戦《たたか》うのみであるという強硬論《きょうこうろん》をとなえる者《もの》がいる。しかし一方《いっぽう》では彼《かれ》らの要求《ようきゅう》は理《り》のあるところで応《おう》じなければならないだろう、拒否《きょひ》して戦《せん》争《そう》になっても必勝《ひっしょう》を期《き》することは不可能《ふかのう》であるとする意見《いけん》もある。

結局《けっきょく》、イギリス側《がわ》の要求《ようきゅう》に従《したが》うという多数意見《たすういけん》により、賠償金《ばいしょうきん》十万《まん》ポンドを支払《しはら》って、やっと事件《じけん》の決着《けっちゃく》をみた。しかしこれはイギリスと幕府《ばくふ》とのあいだのことで、薩英間《さつえいかん》の交《こう》渉《しょう》はこれからである。

薩摩《さつま》に対《たい》しては、次《つぎ》のように要求《ようきゅう》した。

一、リチャードソンらを襲《おそ》った者《もの》らを捕《と》らえ、イギリス海軍士官《かいぐんしかん》のまえで、首《くび》を刎《は》ねること。

二、殺《ころ》された者《もの》の親族《しんぞく》、および殺害《さつがい》をのがれた三人《にん》に分与《ぶんよ》するため二万《まん》五千《せん》ポンドを支《し》払《はら》うこと。

これを拒《こば》めば強硬《きょうこう》な処置《しょち》をとるだろうと威嚇《いかく》したが、薩摩《さつま》はまったく応《おう》じようとしない。

第二章　黒船との戦い

丸《まる》くて黒《くろ》いもの

灰色《はいいろ》の空《そら》に瞬間立《しゅんかんた》ちのぼる煙《けむり》のなかから
赤《あか》い炎《ほのお》を噴《ふ》き出《だ》しました。
それから奇妙《きみょう》な丸《まる》くて黒《くろ》いものが、
わがイギリス艦隊《かんたい》にむかって、
まっすぐ飛《と》んでくるのが見《み》えました。
この黒《くろ》い球形《きゅうけい》のかたまりは、
わたしたちに命中《めいちゅう》するかと思《おも》いきや、
急《きゅう》に空中高《くうちゅうたか》く弧《こ》を描《えが》いて、

上空《じょうくう》を飛《と》び去《さ》りました。
丸《まる》くて黒《くろ》い弾丸《だんがん》は、
アーガス号《ごう》に都合《つごう》、三発命中《ぱつめいちゅう》しました。
第《だい》一弾《だん》は右舷《うげん》に
第《だい》二弾《だん》はメーン・マストを貫通《かんつう》しましたが、
倒《たお》れはしませんでした。
第《だい》三弾《だん》は吃水線《きっすいせん》近《ちか》くに深《ふか》さ約《やく》九センチの穴《あな》をあけて、
そのまま海面《かいめん》におちました。
我方《わがほう》は鹿児島《かごしま》の街《まち》を焼《や》き払《はら》うために、
ロケット弾《だん》も発射《はっしゃ》しました。
これはうまくいきすぎるくらいでした。
烈風《れっぷう》が吹《ふ》きつのっていたので、

火災《かさい》を消《け》そうとする町長《ちょうちょう》のあらゆる努力《どりょく》は、
無益《むえき》だったにちがいありません。
青白《あおじろ》い炎《ほのお》のかたまりによって照《て》らし出《だ》された煙《けむり》の雲《くも》が
空《そら》いちめんにひろがって、
恐《おそ》ろしく、そしてたいそう壮観《そうかん》でした。

荒《あ》れる攘夷運動《じょういうんどう》

生麦事件《なまむぎじけん》の謝罪《しゃざい》をもとめるイギリスに対《たい》する薩摩藩《さつまはん》の回答《かいとう》は、音沙汰《おとさた》なしでずるずると日《ひ》が過《す》ぎていき、文久《ぶんきゅう》二年《ねん》もおしつまって、十二月《がつ》になった。

まえに述《の》べたように江戸《えど》品川《しながわ》の御殿山《ごてんやま》に新築中《しんちくちゅう》でほとんどできあがったばかりのイギリス公使館《こうしかん》が、何者《なにもの》かによって焼《や》き打《う》ちされたのは、その師走《しわす》もなかばに達《たっ》した十五日《にち》の深《しん》夜《や》である。

新任《しんにん》のサトウがつとめることになる豪華《ごうか》な新公使館《しんこうしかん》の建物《たてもの》が焼《や》けおちたのは、とても残《ざん》念《ねん》なことだった。これは幕府《ばくふ》が建《た》ててイギリス側《がわ》にひきわたすまえなので、被害者《ひがいしゃ》ではないがこのような「攘夷派《じょういは》」の暴挙《ぼうきょ》は、生麦事件《なまむぎじけん》ともあわせてイギリス公使館《こうしかん》の怒《いか》りの火《ひ》に油《あぶら》をそそいだ。

騒然《そうぜん》とした空気《くうき》がたちこめるうちに、新《あたら》しい文久《ぶんきゅう》三(一八六三)年《ねん》の正月《しょうがつ》を迎《むか》えたが、薩《さつ》摩《ま》との交渉《こうしょう》は膠着状態《こうちゃくじょうたい》のままだ。そのあいだ中央《ちゅうおう》の政局《せいきょく》も緊張《きんちょう》が高《たか》まるばかりだった。

幕府《ばくふ》は各国《かっこく》と和親条約《わしんじょうやく》、さらに通商条約《つうしょうじょうやく》をむすんでいるが、朝廷《ちょうてい》の許《ゆる》しが出《で》ていない。尊攘派《そんじょうは》は、天皇《てんのう》の命令《めいれい》にそむくものとして幕府《ばくふ》を攻撃《こうげき》する。条約《じょうやく》を破棄《はき》して外国《がいこく》を撃《う》ち払《はら》えと幕府《ばくふ》にせまるのである。

ついに文久《ぶんきゅう》三年《ねん》四月《がつ》二十日《はつか》。将軍後見職《しょうぐんこうけんしょく》の一橋慶喜《ひとつばしよしのぶ》が将軍家茂《しょうぐんいえもち》の名代《みょうだい》として参内《さんだい》、五月十日《がっとおか》を攘夷期日《じょういきじつ》とすることをしぶしぶ奏上《そうじょう》した。

ただちに朝廷《ちょうてい》から攘夷《じょうい》の詔勅《しょうちょく》が発《はっ》せられ、幕府《ばくふ》もそのことを諸侯《しょこう》に布告《ふこく》したが、「彼《かれ》より襲来《しゅうらい》せば、之《これ》を掃攘《そうじょう》すべし」とし、こちらから進《すす》んで戦端《せんたん》をひらくことをいましめている。

攻撃《こうげき》をうけて応戦《おうせん》するのはとうぜんだから、この攘夷令《じょういれい》は幕府《ばくふ》が苦《くる》しまぎれに出《だ》したものでしかない。しかし五月十日《がっとおか》を無制限《むせいげん》の攘夷期日《じょういきじつ》だと勝手《かって》に解釈《かいしゃく》した攘夷派《じょういは》の先頭《せんとう》に立《た》つのは、尊攘《そんじょう》のメッカ、長州藩《ちょうしゅうはん》であり、藩内《はんない》の過激派《かげきは》は行動《こうどう》を開始《かいし》した。

五月《がつ》十一日未明《にちみめい》。下関《しものせき》の寺院《じいん》にあつまって結成《けっせい》した過激《かげき》な攘夷浪士《じょういろうし》の「光明寺党《こうみょうじとう》」が長州藩軍艦《ちょうしゅうはんぐんかん》に搭乗《とうじょう》、海峡《かいきょう》を通過《つうか》しようとしたアメリカの商船《しょうせん》ペンプローク号《ごう》を砲撃《ほうげき》したことから、攘夷戦《じょういせん》は勃発《ぼっぱつ》した。

ペンプローク号《ごう》は、わずかな損傷《そんしょう》をうけて逃走《とうそう》する。長州藩《ちょうしゅうはん》は京都藩邸《きょうとはんてい》にそれを報《ほう》じ、藩邸《はんてい》から攘夷《じょうい》の実行《じっこう》を朝廷《ちょうてい》に奏上《そうじょう》した。朝廷《ちょうてい》からはその行動《こうどう》をほめる褒勅《ほうちょく》がくだるという具合《ぐあい》で、尊攘派《そんじょうは》は大《おお》いに盛《も》りあがった。

長州藩《ちょうしゅうはん》が攘夷《じょうい》の第《だい》一弾《だん》を撃《う》ちはなしたことからはじまった攘夷戦《じょういせん》は、これから翌年《よくねん》八月《がつ》にかけての長州藩《ちょうしゅうはん》と諸外国《しょがいこく》との紛争《ふんそう》だが、やがて長州《ちょうしゅう》と幕府《ばくふ》との対決《たいけつ》に発展《はってん》するのである。

つづいて五月《がつ》二十三日早朝《にちそうちょう》。フランス軍艦《ぐんかん》キャンシャン号《ごう》を、下関側《しものせきがわ》の砲台《ほうだい》が砲撃《ほうげき》した。

長州側《ちょうしゅうがわ》から撃《う》ち出《だ》した百《ひゃく》八十発《ぱつ》のうち七発《はつ》が命中《めいちゅう》する。

こうなると過激派《かげきは》「光明寺党《こうみょうじとう》」だけでなく、下関《しものせき》に集結《しゅうけつ》した藩兵《はんぺい》五百《ひゃく》人《にん》が参加《さんか》する戦闘《せんとう》となった。キャンシャン号《ごう》は十八発《ぱつ》を撃《う》ち返《かえ》しただけだったが、フランスの水兵四《すいへいよ》人《にん》が死《し》んだ。この水兵《すいへい》たちは話《はな》し合《あ》うため、ボートで近《ちか》づいたところを長州兵《ちょうしゅうへい》から狙《ねら》い撃《う》ちされたのだった。

さらにつづいて五月《がつ》二十六日早朝《にちそうちょう》。オランダ軍艦《ぐんかん》メジューサ号《ごう》を砲撃《ほうげき》。十七発《はつ》が命中《めいちゅう》、やはり水兵四《すいへいよ》人《にん》が死《し》んだ。長州側《ちょうしゅうがわ》では民家《みんか》四棟《むね》がメジューサ号《ごう》からの砲撃《ほうげき》で砕《くだ》かれた。

オランダは古《ふる》くから日本《にほん》とつきあってきた国《くに》だから、安心《あんしん》して通《とお》りかかったのだが、意《い》外《がい》な砲撃《ほうげき》におどろいて、応戦《おうせん》もほどほどに逃《に》げて行《い》く。

とにかく黒船《くろふね》と見《み》れば見境《みさかい》なく大砲《たいほう》を撃《う》ちかける狂奔《きょうほん》ぶりである。ついには薩摩《さつま》の軍艦《ぐんかん》を外国艦《がいこくかん》とまちがえて砲撃《ほうげき》を浴《あ》びせるということまでしでかしてしまった。

六月一日《がっついたち》午前《ごぜん》十時《じ》。アメリカの軍艦《ぐんかん》ワイオミング号《ごう》が、自国《じこく》の商船《しょうせん》を襲《おそ》われたことへの報復《ほうふく》に来襲《らいしゅう》した。この海戦《かいせん》では長州藩《ちょうしゅうはん》の軍艦《ぐんかん》三隻《せき》が大破《たいは》、沈没《ちんぼつ》という敗北《はいぼく》をきっし、攘夷《じょうい》戦《せん》の様相《ようそう》は、こと志《こころざし》とちがう方向《ほうこう》にかわってきた。

五月中《がっちゅう》におこなわれた三回《かい》にわたる外艦撃《がいかんう》ち払《はら》いは、戦《たたか》いというほどのものではなく、不意《ふい》を襲《おそ》われて彼《かれ》らが逃《に》げ去《さ》るというものでしかなかった。

本格的《ほんかくてき》な交戦《こうせん》となると、旧式兵器《きゅうしきへいき》しか持《も》たない長州軍《ちょうしゅうぐん》の劣勢《れっせい》は覆《おお》うべくもなかった。皮《ひ》肉《にく》にも、この日《ひ》は長州藩《ちょうしゅうはん》の攘夷実行《じょういじっこう》に対《たい》する天皇《てんのう》の褒勅《ほうちょく》がくだり、意気《いき》がおおいにあがろうとする矢先《やさき》の敗戦《はいせん》だった。

六月五日《がついつか》早朝《そうちょう》。フランスの軍艦《ぐんかん》セミラミス、タンクレードの二隻《せき》が報復来襲《ほうふくらいしゅう》、前田《まえだ》砲台《ほうだい》を沈黙《ちんもく》させたうえで陸戦隊《りくせんたい》が上陸《じょうりく》、付近《ふきん》の村《むら》を占領《せんりょう》し焼《や》き払《はら》ってひきあげるという思《おも》わぬ惨状《さんじょう》となった。やがて連合艦隊《れんごうかんたい》が来襲《らいしゅう》するという風説《ふうせつ》が長州藩《ちょうしゅうはん》を脅《おび》えさせた。

六月六日《がつむいか》は高杉晋作《たかすぎしんさく》が藩命《はんめい》によって下関《しものせき》に駆《か》けつけ、正規《せいき》の軍事力《ぐんじりょく》を補強《ほきょう》する新《あたら》しい民《みん》兵《ぺい》組織《そしき》としての奇兵隊《きへいたい》を結成《けっせい》。きたるべき連合艦隊《れんごうかんたい》との交戦《こうせん》にそなえて、フランス軍《ぐん》に破《は》壊《かい》された砲台《ほうだい》の修復《しゅうふく》など迎撃態勢《げいげきたいせい》をととのえる。しかし使用《しよう》する兵器《へいき》は、いぜんとして貧《ひん》弱《じゃく》なものでしかなく、ようやく深刻《しんこく》な危機感《ききかん》が高《たか》まってきた。

長州藩《ちょうしゅうはん》が関門海峡《かんもんかいきょう》でアメリカ・フランス・オランダ三国《ごく》の軍艦《ぐんかん》を相手《あいて》に砲火《ほうか》をまじえ、国際紛争《こくさいふんそう》をまき起《お》こしていることに、イギリス公使館《こうしかん》が神経《しんけい》をとがらせていないわけではなかったが、このころイギリスは薩摩《さつま》との大問題《だいもんだい》ととりくんでいた。

「薩摩《さつま》に賠償《ばいしょう》させろ」

本国《ほんごく》からは強硬《きょうこう》な訓令《くんれい》をうけているのだが、オルコックはまだ帰任《きにん》していない。薩摩《さつま》は沈黙《ちんもく》したままだ。

ついにニール代理《だいり》公使《こうし》は、艦隊《かんたい》をひきいて薩摩《さつま》に行《い》き、談判《だんぱん》の結果《けっか》、相手《あいて》が応《おう》じなければ武力《ぶりょく》で屈伏《くっぷく》させても賠償金《ばいしょうきん》をもぎとることを決心《けっしん》した。

薩英戦争《さつえいせんそう》

「薩摩《さつま》に乗《の》りこむぞ。君《きみ》もついてきたまえ」

代理公使《だいりこうし》ニール大佐《たいさ》からいわれ、サトウは通訳生《つうやくせい》として軍艦《ぐんかん》に同乗《どうじょう》することになった。

イギリス艦隊《かんたい》七隻《せき》の旗艦《きかん》はユーリアラス号《ごう》で、提督《ていとく》はクーパー中将《ちゅうじょう》である。サトウは医《い》師《し》のウイリスとアーガス号《ごう》に乗《の》りこんだ。艦隊《かんたい》は六月《がつ》二十七日朝《にちあさ》、（西暦《せいれき》では八月《がつ》十二日《にち》だが、以下《いか》すべて日本暦《にほんれき》とする）鹿児島湾《かごしまわん》にはいった。

ニール代理公使《だいりこうし》は、薩摩藩《さつまはん》が二万《まん》五千《せん》ポンドの補償金《ほしょうきん》を、殺《ころ》されたリチャードソンの親《しん》族《ぞく》と負傷《ふしょう》したほかの三人《にん》に支払《しはら》うことを督促《とくそく》する要求書《ようきゅうしょ》を鹿児島《かごしま》の薩摩藩庁《さつまはんちょう》に送《おく》り届《とど》け、二十四時間以内《じかんいない》の回答《かいとう》をもとめた。

薩摩藩《さつまはん》が断固抗戦《だんここうせん》の構《かま》えで要求《ようきゅう》を拒否《きょひ》したので、戦闘行動《せんとうこうどう》にはいり三十日《にち》の明《あ》け方《がた》、艦《かん》隊《たい》のうち五隻《せき》で湾内《わんない》にいる数隻《すうせき》の汽船《きせん》を拿捕《だほ》（捕獲《ほかく》）した。すべて外国製《がいこくせい》の船《ふね》だった。

サトウが乗《の》っているアーガス号《ごう》は、薩摩《さつま》がイギリスから購入《こうにゅう》したサー・ジョージ・グレイ号《ごう》の拿捕《だほ》にはたらき、薩摩人《さつまじん》二名《めい》を捕虜《ほりょ》にした。
拿捕《だほ》した船《ふね》を桜島《さくらじま》の小池《こいけ》のまえに抑留《よくりゅう》したのだが、この島《しま》に砲台《ほうだい》が築《きず》かれていたことを艦隊《かんたい》は知《し》らなかった。翌日《よくじつ》は風雨《ふうう》がはげしくなり、薩摩軍《さつまぐん》は拿捕《だほ》された船《ふね》の奪還《だっかん》をはかり桜島砲台《さくらじまほうだい》から砲撃《ほうげき》を開始《かいし》したので、イギリス軍《ぐん》はあわてて、拿捕《だほ》した薩摩艦《さつまかん》三隻《せき》に穴《あな》をあけて沈没《ちんぼつ》させ、砲撃《ほうげき》に応戦《おうせん》した。

正午《しょうご》から薩摩側砲台《さつまがわほうだい》が火《ひ》を噴《ふ》きはじめた。

もちろん、サトウが実際《じっさい》の戦闘《せんとう》をまぢかに見《み》るのは、生《う》まれてはじめてのことだ。そのときの彼《かれ》は戦闘員《せんとういん》ではなく、ひとりの観戦者《かんせんしゃ》だった。アーガス号《ごう》は砲弾《ほうだん》三発《ぱつ》をうけたが、恐怖《きょうふ》というより興奮《こうふん》と興味《きょうみ》をもって、砲煙《ほうえん》と炎《ほのお》と轟音《ごうおん》が交錯《こうさく》する薩英両軍《さつえいりょうぐん》の砲撃戦《ほうげきせん》を「見《けん》物《ぶつ》」した。サトウの冷静《れいせい》、大胆《だいたん》なようすはあとでニール代理公使《だいりこうし》からオルコック公使《こうし》に報《ほう》告《こく》されたので、若《わか》い新任《しんにん》の通訳生《つうやくせい》のことが人々《ひとびと》の話題《わだい》にのぼった。

近代兵器《きんだいへいき》アームトロング砲《ほう》を搭載《とうさい》したイギリス軍艦《ぐんかん》の砲撃《ほうげき》に対《たい》して、薩摩藩《さつまはん》もよく戦《たたか》った。薩摩《さつま》もすでにアームトロング砲《ほう》を製造《せいぞう》して砲台《ほうだい》に据《す》えつけていたのだ。そこが旧式《きゅうしき》の青銅砲《せいどうほう》をならべた長州藩《ちょうしゅうはん》の軍備《ぐんび》とちがうところだ。

かねてから国防《こくぼう》の充実《じゅうじつ》につとめてきた薩摩藩《さつまはん》の戦力《せんりょく》は、イギリス側《がわ》の予想《よそう》をはるかに超《こ》えるものだった。艦隊側《かんたいがわ》では戦死者《せんししゃ》十三人《にん》、負傷者《ふしょうしゃ》五十人《にん》を出《だ》し、戦死者《せんししゃ》五人《にん》、負傷者《ふしょうしゃ》十数人《すうにん》の薩摩《さつま》より人的被害《じんてきひがい》は大《おお》きかった。ほとんど互角《ごかく》に戦《たたか》ったといってよい。

薩摩軍《さつまぐん》は砲台《ほうだい》を破壊《はかい》され、鹿児島城下《かごしまじょうか》に火災《かさい》がひろがった。薩摩軍《さつまぐん》の砲撃《ほうげき》がやみ、戦闘《せんとう》が一段落《いちだんらく》してからも、火《ひ》の海《うみ》になった鹿児島《かごしま》の街《まち》に、クーパー提督《ていとく》はなおも砲撃《ほうげき》をくわえた。

戦争《せんそう》のまきぞえをくって、その街《まち》に住《す》む大勢《おおぜい》の女《おんな》や子《こ》どもたちが死《し》んでいるのではないかと、サトウは想像《そうぞう》して眉《まゆ》をひそめた。戦闘《せんとう》がはじまるまえ、住民《じゅうみん》は郊外《こうがい》に避難《ひなん》していたので、非戦闘員《ひせんとういん》の犠牲《ぎせい》はまぬがれたが、数千軒《すうせんけん》の家《いえ》は焼《や》き払《はら》われた。

「クーパー提督《ていとく》が非戦闘員《ひせんとういん》のいる鹿児島市街《かごしまがい》を必要以上《ひつようじょう》に砲撃《ほうげき》させたのは、英国軍《えいこくぐん》の被害《ひがい》に対《たい》する報復《ほうふく》のためであるように思《おも》いました」

と、サトウは艦隊側《かんたいがわ》の戦闘行動《せんとうこうどう》に批判的《ひはんてき》な気持《きも》ちを抱《いだ》いたことを、ニール代理公使《だいりこうし》に話《はな》した。ニールは、一介《いっかい》の通訳生《つうやくせい》にすぎないサトウの出過《です》ぎた発言《はつげん》として不愉快《ふゆかい》な表情《ひょうじょう》をした。

好奇《こうき》の目《め》をもって戦闘《せんとう》を「見物《けんぶつ》」していながら、サトウは複眼《ふくがん》で戦争《せんそう》というものを冷静《れいせい》に見《み》ていた。そして彼《かれ》は、ヨーロッパ列強《れっきょう》のひとつ大英帝国《だいえいていこく》の艦隊《かんたい》が、文明《ぶんめい》のおくれた島国《しまぐに》の都市《とし》に戦争《せんそう》を仕掛《しか》け、非戦闘員《ひせんとういん》が住《す》む街《まち》を不必要《ふひつよう》に攻撃《こうげき》する非人道的《ひじんどうてき》な行為《こうい》を心《こころ》のなかで非難《ひなん》したのだった。

第《だい》二次《じ》大戦中《たいせんちゅう》、日本列島《にほんれっとう》はアメリカ空軍《くうぐん》のはげしい爆撃《ばくげき》にさらされた。ついには広島《ひろしま》・長崎《ながさき》への原子爆弾投下《げんしばくだんとうか》で、二十万人《まんにん》をはるかに超《こ》える非戦闘員《ひせんとういん》が命《いのち》をおとした。

大量《たいりょう》虐殺《ぎゃくさつ》は原爆《げんばく》のみが目立《めだ》っているが、東京空襲《とうきょうくうしゅう》の昭和《しょうわ》二十（一九四五）年《ねん》三月十日《がつとおか》、下町《したまち》を目標《もくひょう》としてアメリカ空軍《くうぐん》のB29は三十二万発《まんぱつ》の焼夷弾《しょういだん》を投下《とうか》して、計画的《けいかくてき》に十万人《まんにん》の市民《しみん》を焼《や》き殺《ころ》したことが最近《さいきん》の資料《しりょう》で判明《はんめい》している。

筆者《ひっしゃ》はこの痛《いた》ましい戦争《せんそう》の惨禍《さんか》を聞《き》きながら、鹿児島市街《かごしましがい》に不必要《ふひつよう》な砲撃《ほうげき》をくわえているイギリス艦隊《かんたい》に批判《ひはん》の視線《しせん》をむけたイギリス人《じん》アーネスト・サトウのことを思《おも》わずにはいられなかった。

そしてそのときから百年《ひゃくねん》足らずのころ、アメリカ空軍《くうぐん》の殺戮行為《さつりくこうい》を批判《ひはん》したどの国《くに》の外交官《がいこうかん》も政治家《せいじか》もいなかったというのは、近代《きんだい》の戦争《せんそう》というものがいかに冷静《れいせい》さをうしなった野獣《やじゅう》の行為《こうい》に狎《な》れてしまっていたかを物語《ものがた》るものだが、それは古今《ここん》を問《と》わない戦争《せんそう》の罪悪《ざいあく》にほかならない。

さてイギリス公使館《こうしかん》の十九歳《さい》になる通訳生《つうやくせい》が見《み》た薩英戦争《さつえいせんそう》の話《はなし》にもどる。

イギリス艦隊《かんたい》は、なめていた薩摩《さつま》の軍事力《ぐんじりょく》が、意外《いがい》に強力《きょうりょく》なことを思《おも》い知《し》らされながら、死傷者《ししょうしゃ》も多《おお》く弾丸《だんがん》も食糧《しょくりょう》も尽《つ》きたので、ひとまず鹿児島湾《かごしまわん》から横浜《よこはま》にひきあげることにした。

やがてイギリス公使館《こうしかん》をおどろかせたのは、いぜんとして頑強《がんきょう》な抵抗《ていこう》をつづけるものと思《おも》っていた薩摩藩《さつまはん》が、講和《こうわ》を申《もう》しこんできたことだった。

ふたたび艦隊《かんたい》の来襲《らいしゅう》があるという幕府《ばくふ》からの通報《つうほう》をうけた薩摩藩《さつまはん》としては、これ以上《いじょう》の抵抗《ていこう》を不利《ふり》とみて、幕府《ばくふ》の仲介《ちゅうかい》によりイギリスとの講和談判《こうわだんぱん》をひらくことにしたのである。

イギリス側《がわ》の条件《じょうけん》のひとつ、リチャードソンらを襲《おそ》った者《もの》は消息不明《しょうそくふめい》として突《つ》っぱね、賠償金《ばいしょうきん》二万《まん》五千《せん》ポンドは幕府《ばくふ》がたてかえるということで、生麦事件《なまむぎじけん》がすべて決着《けっちゃく》したのは文久《ぶんきゅう》三年《ねん》九月《がつ》二十八日《にち》だった。

ペリー来航以来《らいこういらい》、外国《がいこく》のいうままになっている無気力《むきりょく》な日本人《にほんじん》のなかで、薩摩人《さつまじん》がその主張《しゅちょう》のよしあしは別《べつ》として、このようにも骨《ほね》のある行動《こうどう》を見《み》せたことは、イギリスの使臣《ししん》たちの日本観《にほんかん》をあらためさせるに充分《じゅうぶん》だった。

薩英戦争《さつえいせんそう》を契機《けいき》に、イギリスと薩摩《さつま》は急《きゅう》に親《した》しくなった。

「昨日《きのう》の敵《てき》は今日《きょう》の友《とも》という諺《ことわざ》が日本《にほん》にはありますよ」

と、薩摩藩士《さつまはんし》の五代才助《ごだいさいすけ》（のちの五代友厚《ごだいともあつ》）が、サトウにいった。彼《かれ》は薩摩海軍《さつまかいぐん》の幹部《かんぶ》で、薩英戦争《さつえいせんそう》のときもイギリス軍《ぐん》を相手《あいて》に勇敢《ゆうかん》に戦《たたか》ったひとりである。

「わたしの国《くに》にも Yesterday's enemies could be today's friends. というおなじ意味《いみ》の諺《ことわざ》がありますす」

サトウがいうと、

「いずこも考《かんが》えることは、おなじでごわすな」

と、才助《さいすけ》が豪快《ごうかい》に笑《わら》う。

「A friend today way turn against you tomorow. 今日《きょう》の味方《みかた》は明日《あす》の敵《てき》という諺《ことわざ》もありますよ」

「ワハハハ、それも、おなじでごわす」

「五代《ごだい》さん、The wise adapt themselves to changed circumstances. というのもありますよ」

「なんのことでごわす」

「君子豹変《くんしひょうへん》すという意味《いみ》です」

「おはんは、へんな外国人《がいこくじん》でごわすな」

才助《さいすけ》がまた笑《わら》った。

薩摩《さつま》と長州《ちょうしゅう》

日本《にほん》にきたサトウにとって、真《ま》っ先《さき》に印象《いんしょう》づけられたのは、薩摩《さつま》・長州《ちょうしゅう》の存在《そんざい》だった。まずは着任早々《ちゃくにんそうそう》の生麦事件《なまむぎじけん》で薩摩藩《さつまはん》とは戦火《せんか》までまじえるほどになり、はやくも友好関係《ゆうこうかんけい》をむすんでいる。

また尊王攘夷《そんのうじょうい》のメッカとして、関門海峡《かんもんかいきょう》での攘夷戦《じょういせん》をはじめた長州藩《ちょうしゅうはん》とは、これから接《せっ》触《しょく》するのだが、かねて聞《き》いていた外国《がいこく》に従順《じゅうじゅん》な人々《ひとびと》とは、まったくちがう日本人《にほんじん》がそこに住《す》んでいるらしい。

長州藩《ちょうしゅうはん》は貧《まず》しい国《くに》だったが、改革《かいかく》をすすめていまは幕府《ばくふ》が脅威《きょうい》を感《かん》ずるまでに力《ちから》をつけてきている。

はじめ長州藩《ちょうしゅうはん》はペリー来航以来《らいこういらい》、開港《かいこう》をめぐって揺《ゆ》れうごく中央政局《ちゅうおうせいきょく》には態度《たいど》をはっきりさせず、成《な》り行《ゆ》きを静観《せいかん》していた。つまりは日和見《ひよりみ》の態度《たいど》である。

藩内《はんない》では吉田松陰《よしだしょういん》という学者《がくしゃ》が、これまでの幕府《ばくふ》の政治《せいじ》に批判的《ひはんてき》で、ついに安政《あんせい》の大獄《たいごく》で捕《と》らえられた。安政《あんせい》の大獄《たいごく》は、幕政《ばくせい》を批判《ひはん》する者《もの》を処刑《しょけい》などして、進歩的《しんぽてき》な意見《いけん》を持《も》つ人々《ひとびと》を抹殺《まっさつ》した白色《はくしょく》テロ（為政者《いせいしゃ》が反政府運動《はんせいふうんどう》、または革命運動《かくめいうんどう》に対《たい》してくだす激《はげ》しい弾《だん》圧《あつ》）だ。

松陰《しょういん》の私塾松下村塾《しじゅくしょうかそんじゅく》で学《まな》んだ若《わか》い人々《ひとびと》は、江戸《えど》で死刑《しけい》になった師《し》の遺志《いし》をついで反幕運《はんばくうん》動《どう》をくりひろげるようになり、その勢《いきお》いにおされて長州藩《ちょうしゅうはん》の藩論《はんろん》は幕府否定《ばくふひてい》にかたむいた。そして尊王攘夷運動《そんのうじょういうんどう》の拠点《きょてん》になっていく。

そうした長州藩《ちょうしゅうはん》に対抗《たいこう》するのが薩摩藩《さつまはん》である。尊王攘夷論《そんのうじょういろん》をかかげて中央《ちゅうおう》に進出《しんしゅつ》する長《ちょう》州藩《しゅうはん》に対《たい》して、薩摩《さつま》の島津久光《しまづひさみつ》（藩主忠義《はんしゅただよし》の父親《ちちおや》、実権《じっけん》をにぎった独裁者《どくさいしゃ》）は公武合体論《こうぶがったいろん》をとって中央《ちゅうおう》に進出《しんしゅつ》、長州藩《ちょうしゅうはん》とはりあった。

公武合体《こうぶがったい》というのは、対立《たいりつ》している朝廷《ちょうてい》（公《こう》）と幕府《ばくふ》（武《ぶ》）が、仲良《なかよ》く合体《がったい》して、日本《にほん》にせまってきている外国勢力《がいこくせいりょく》に対抗《たいこう》しようという考《かんが》え方《かた》である。

一応《いちおう》は正論《せいろん》だが、どちらかといえば尊王論《そんのうろん》におされ気味《ぎみ》の幕府《ばくふ》に都合《つごう》のよい論《ろん》である。

薩摩《さつま》も改革《かいかく》に成功《せいこう》して、長州藩《ちょうしゅうはん》とならび「西南雄藩《せいなんゆうはん》」といわれるまでに大《おお》きな力《ちから》をつけており、長州《ちょうしゅう》に対抗《たいこう》する公武合体論《こうぶがったいろん》を背景《はいけい》にして、天下《てんか》をうごかそうという野心《やしん》をむきだしにしている。いまや日本《にほん》は、薩摩《さつま》と長州《ちょうしゅう》という過激《かげき》な雄藩《ゆうはん》を両極《りょうきょく》として、緊張《きんちょう》が高《たか》まりつつあるのだった。

大勢《たいせい》としては、関門海峡《かんもんかいきょう》で外国《がいこく》の商船《しょうせん》や軍艦《ぐんかん》を砲撃《ほうげき》して「攘夷実行《じょういじっこう》」をやっている長州《ちょうしゅう》藩《はん》が政局《せいきょく》の主導権《しゅどうけん》をにぎっている。

宮廷《きゅうてい》クーデター

長州藩《ちょうしゅうはん》の攘夷《じょうい》は、関門海峡《かんもんかいきょう》を封鎖《ふうさ》することになる。これまで攘夷戦《じょういせん》で被害《ひがい》をうけていなかったので、イギリス公使館《こうしかん》としては、さほど関心《かんしん》をむけなかったのだが、そのうちに長崎《ながさき》のイギリス領事《りょうじ》から意外《いがい》な報告《ほうこく》がはいってきた。

「関門海峡《かんもんかいきょう》が封鎖《ふうさ》され、物資《ぶっし》を積《つ》んだ船《ふね》のうごきがとまったため、長崎港《ながさきこう》を基地《きち》とする日《にち》英貿易《えいぼうえき》が壊滅的打撃《かいめつてきだげき》をうけている」

「こまったことになった」

ニール代理公使《だいりこうし》は頭《あたま》をかかえこんでしまった。長州藩《ちょうしゅうはん》の攘夷行動《じょういこうどう》をやめさせなければならないが、これは容易《ようい》なことではない。

公使《こうし》のオルコックは帰国《きこく》したままだ。飛行機《ひこうき》がない時代《じだい》のことで、船《ふね》でしか、うごけない。ヨーロッパから日本《にほん》まで二カ月《げつ》はたっぷりかかるので、急《きゅう》を聞《き》いてもすぐには帰《かえ》ってこられないのである。

「京都《きょうと》で宮廷《きゅうてい》クーデターが成功《せいこう》したらしい」

そんな情報《じょうほう》が公使《こうし》館《かん》にとびこんできたのは、八月十八日《にち》の午後《ごご》である。

その日《ひ》の早朝《そうちょう》、一発《いっぱつ》の轟音《ごうおん》がまだ明《あ》けやらぬ皇居《こうきょ》の空《そら》に響《ひび》きわたった。薩摩《さつま》兵《へい》たちの集《しゅう》結《けっ》が終《お》わり、すべての準備《じゅんび》がととのったことを知《し》らせる空砲《くうほう》である。

ちょうどそのころ堺町門警衛《さかいまちもんけいえい》の長州藩兵《ちょうしゅうはんぺい》がやってきた。藩士《はんし》飯田《いいだ》竹次郎《たけじろう》らが、門《もん》をはいろうとすると、

「勅諚《ちょくじょう》（天皇《てんのう》の命令《めいれい》）により入衛《にゅうえい》を許《ゆる》さず」

と、薩摩《さつま》兵《へい》が大声《おおごえ》を発《はっ》し、銃《じゅう》を構《かま》えて立《た》ちはだかった。おどろいた竹次郎《たけじろう》らは急《いそ》ぎ藩邸《はんてい》に駆《か》けもどった。藩邸《はんてい》でも砲声《ほうせい》を聞《き》いてようやく目覚《めざ》め、何事《なにごと》かと緊張《きんちょう》しているところだった。

家老《かろう》益田《ますだ》右衛《え》門介《もんのすけ》は家来《けらい》に命《めい》じてようすをさぐらせる一方《いっぽう》、藩邸内《はんていない》にいる四百《ひゃく》の兵《へい》を武《ぶ》装《そう》させて変《へん》にそなえた。

長州藩側《ちょうしゅうはんがわ》はこのときになり、はじめて宮廷《きゅうてい》を支配《しはい》した親幕派《しんばくは》によって尊攘派《そんじょうは》が閉《し》め出《だ》されたことを知《し》るのである。

長州藩《ちょうしゅうはん》および三条実美《さんじょうさねとみ》ら長州《ちょうしゅう》よりの公家《くげ》七人《にん》は京都《きょうと》から追放《ついほう》された。

七卿落《しちきょうお》ち

十八日《にち》の夕刻《ゆうこく》、桂小五郎《かつらこごろう》ら長州藩士《ちょうしゅうはんし》、真木和泉《まきいずみ》・土方楠左衛門《ひじかたくすざえもん》・宮部鼎蔵《みやべていぞう》らは、このまま憤激《ふんげき》の衆《しゅう》をあつめていては、皇居《こうきょ》を戦火《せんか》にまきこむことになりかねない。ひとまず大仏《だいぶつ》にしりぞき、おもむろに進退《しんたい》を考《かんが》えようという相談《そうだん》をまとめた。

薩摩《さつま》の陣《じん》に使者《ししゃ》を立《た》て、「われわれはこれから大仏《だいぶつ》にしりぞくことにしたが、貴藩《きはん》がいまのように砲口《ほうこう》を向《む》けているかぎり、武門《ぶもん》の習《なら》いとしてしりぞくわけにいかない。両者《りょうしゃ》たがいに引退《いんたい》することを望《のぞ》むが如何《いかが》」と告《つ》げた。薩摩側《さつまがわ》も承知《しょうち》して砲口《ほうこう》を逸《そ》らせたので、長州軍《ちょうしゅうぐん》は撤収《てっしゅう》した。

その日《ひ》の薄暮《はくぼ》、第《だい》一陣《じん》は毛利讃岐守《もうりさぬきのかみ》（清末藩主《きよすえはんしゅ》）、第《だい》二陣《じん》は吉川経幹《きっかわつねもと》、第《だい》三陣《じん》は七卿《しちきょう》とその親兵《しんぺい》、第《だい》四陣《じん》は萩藩兵《はぎはんぺい》として二千六百人《せんぴゃくにん》が隊伍《たいご》（隊列《たいれつ》の組《くみ》）をととのえ大仏《だいぶつ》にむかう。妙法院《みょうほういん》を本陣《ほんじん》とし、北門《きたもん》を吉川《きっかわ》の兵《へい》、中門《なかもん》は萩藩兵《はぎはんぺい》、西門《にしもん》は毛利讃岐守《もうりさぬきのかみ》の手兵《しゅへい》、および十津川郷士《とつがわごうし》がそれぞれ守《まも》って、万一《まんいち》の来襲《らいしゅう》にそなえた。

雨《あめ》が降《ふ》り出《だ》し、冷気《れいき》がしのびよってきた。境内《けいだい》に篝火《かがりび》をたき、白粥《しらかゆ》をすすり、酒《さけ》を飲《の》んで暖《だん》をとる。何事《なにごと》もなく夜《よ》が更《ふ》けた。

深夜《しんや》になって会議《かいぎ》をひらき去就《きょしゅう》を決《き》めようとしたが議論百出《ぎろんひゃくしゅつ》、激論《げきろん》の末《すえ》ついにひとまず長州《ちょうしゅう》に帰《かえ》ることになった。

三条実美《さんじょうさねとみ》がつれてきた兵士《へいし》は、公《おおやけ》の親兵《しんぺい》なので、私的《してき》な旅《たび》に随従《ずいじゅう》させることはできないとしてひき返《かえ》させた。ただ真木和泉《まきいずみ》・淵上郁太郎《ふちがみいくたろう》・水野丹後《みずのたんご》・宮部鼎蔵《みやべていぞう》・土方楠左衛門《ひじかたくすざえもん》らは、三条卿《さんじょうきょう》に従《したが》うといってきかなかった。

このとき十人《にん》の尊攘派公卿《そんじょうはくぎょう》が参加《さんか》していたが、滋野井《しげのい》・豊岡《とよおか》・烏丸《からすま》の三卿《さんきょう》は西下《さいか》に異議《いぎ》をとなえた。

結局《けっきょく》、三条《さんじょう》・三条西《さんじょうにし》・東久世《ひがしくぜ》・壬生《みぶ》・四条《しじょう》・錦小路《にしきこうじ》・沢《さわ》の七卿《しちきょう》が同行《どうこう》することになる。

家老益田《かろうますだ》右衛門介《えもんのすけ》は、大要次《たいようつぎ》のような朝廷《ちょうてい》に宛《あ》てた書状《しょじょう》をのこして、ただちに出発《しゅっぱつ》した。

嘆願《たんがん》の儀《ぎ》は勅使《ちょくし》に申《もう》し上《あ》げた通《とお》りである。

堺町門警護《さかいまちもんけいご》の任《にん》を解《と》かれたので、

われわれはこれから帰国《きこく》するが、

国許《くにもと》で攘夷《じょうい》に専心《せんしん》し海防《かいぼう》にも尽力《じんりょく》するつもりである。ついては三条卿《さんじょうきょう》ら七卿《しちきょう》を伴《ともな》って帰《かえ》り、攘夷《じょうい》の先鋒《せんぽう》に立《た》ってもらうことにする。なにぶんとも三条卿《さんじょうきょう》をはじめ誠忠《せいちゅう》な七卿《しちきょう》の復職《ふくしょく》に早々《そうそう》の沙汰《さた》があるようお願《ねが》いしたい。


武装《ぶそう》した藩兵《はんぺい》たちに守《まも》られて、三条実美《さんじょうさねとみ》ら七卿《しちきょう》は、馬乗袴《うまのりばかま》をはき、白木綿《しろもめん》の鉢巻《はちまき》に剣《けん》を帯《お》び、あるいは火事装束《かじしょうぞく》、菅笠《すげがさ》に蓑《みの》、草鞋《わらじ》ばきの、さまざまなすがたで夜《よる》の雨《あめ》に濡《ぬ》れて歩《ある》いた。世《よ》にいう「七卿落《しちきょうお》ち」である。

薩摩藩《さつまはん》と会津藩《あいづはん》が手《て》をむすび、朝廷《ちょうてい》の幕府《ばくふ》よりの公家《くげ》と謀《はか》って、クーデターを起《お》こして一夜《いちや》のうちに京都御所《きょうとごしょ》から長州兵《ちょうしゅうへい》を追《お》い出《だ》してしまったのだ。長州藩《ちょうしゅうはん》は京都《きょうと》から追放《ついほう》され、幕府《ばくふ》に反対《はんたい》する七人《にん》の公家《くげ》も長州《ちょうしゅう》に亡命《ぼうめい》した。

攘夷戦《じょういせん》で気勢《きせい》をあげた長州藩《ちょうしゅうはん》は、京都《きょうと》にあって朝廷勢力《ちょうていせいりょく》の中心《ちゅうしん》にすわり、薩摩兵《さつまへい》を追《お》い出《だ》して御所警衛《ごしょけいえい》を独占《どくせん》し、ついには天皇《てんのう》を擁《よう》する討幕《とうばく》の陰謀《いんぼう》をはかるまでに突出《とっしゅつ》した。

はじめ景気《けいき》のよかった関門海峡《かんもんかいきょう》での攘夷戦《じょういせん》の雲行《くもゆ》きがわるくなり、フランス軍《ぐん》に藩領《はんりょう》の一部《いちぶ》を占領《せんりょう》されるなど最悪《さいあく》の状況《じょうきょう》になると、形勢《けいせい》は逆転《ぎゃくてん》した。その隙《すき》をとらえて幕府側《ばくふがわ》に立《た》つ薩摩《さつま》と会津《あいづ》の謀略《ぼうりゃく》によって、それまで京都《きょうと》で幅《はば》をきかせていた長州藩《ちょうしゅうはん》は、一掃《いっそう》されてしまった。

この京都御所《きょうとごしょ》（宮廷《きゅうてい》）での無血《むけつ》クーデターは、文久《ぶんきゅう》三年《ねん》八月《がつ》十八日《にち》だったので、八《はち》・一《いち》八政変《はちせいへん》と呼《よ》ばれる。

「尊王派《そんのうは》にとっては大打撃《だいだげき》だ。長州藩《ちょうしゅうはん》の攘夷《じょうい》もこれで、やむかもしれない」

イギリス公使館《こうしかん》は、ほっと一息《ひといき》ついたかたちである。

だが、まだ安心《あんしん》はできない。下関海岸《しものせきかいがん》の砲台《ほうだい》はそのままだ。フランス軍《ぐん》から壊《こわ》されたのを修復《しゅうふく》して次《つぎ》の戦《たたか》いにそなえているというから、関門海峡《かんもんかいきょう》の自由通航《じゆうつうこう》が保証《ほしょう》されたわけではない。

長崎《ながさき》の日英貿易《にちえいぼうえき》は、長州藩《ちょうしゅうはん》の海峡封鎖《かいきょうふうさ》で打撃《だげき》をうけて沈《しず》みかえっている。イギリス公使《こうし》館《かん》は、いぜんとしてオルコック公使不在《こうしふざい》のままだ。

長崎港《ながさきこう》の貿易《ぼうえき》は、横浜《よこはま》にくらべれば小規模《しょうきぼ》なものだが、対日貿易《たいにちぼうえき》の二〇パーセントを占《し》め、兵庫《ひょうご》（神戸《こうべ》）、大坂《おおさか》がまだ開港《かいこう》されていない当時《とうじ》にあっては、西日本《にしにほん》における重要《じゅうよう》な貿《ぼう》易《えき》の窓口《まどぐち》であることにかわりないのである。

年《とし》があけた元治元《げんじがん》（一八六四）年《ねん》二月《がつ》、長崎《ながさき》にいるイギリス領事《りょうじ》マイバークは、本国《ほんごく》から横浜《よこはま》に帰任《きにん》（一月《がつ》）したばかりの公使《こうし》オルコックに宛《あ》てて、この港《みなと》の貿易《ぼうえき》が関門海峡《かんもんかいきょう》の封《ふう》鎖《さ》によってほとんど停止《ていし》の状況《じょうきょう》にあることを報告《ほうこく》し、とくに文久《ぶんきゅう》三年度《ねんど》の長崎貿易《ながさきぼうえき》が、攘《じょう》夷論《いろん》の高《たか》まりによる政治紛争《せいじふんそう》、そして長州藩《ちょうしゅうはん》の関門海峡封鎖《かんもんかいきょうふうさ》によって破壊的影響《はかいてきえいきょう》をうけていると訴《うった》えてきた。

大坂《おおさか》から長崎《ながさき》に送《おく》られる産物《さんぶつ》はほとんど小型帆船《こがたはんせん》で運搬《うんぱん》されており、これらの船《ふね》は外洋《がいよう》を航海《こうかい》できないため関門海峡《かんもんかいきょう》を絶対必要《ぜったいひつよう》な「運河《うんが》」として利用《りよう》してきた。

その海峡《かいきょう》が封鎖《ふうさ》された結果《けっか》、一斉《いっせい》にうごきを停止《ていし》してしまい、これによって長崎《ながさき》への動《どう》脈《みゃく》は断《た》たれたことになるのだ。

無関係《むかんけい》と思《おも》っていた長州藩《ちょうしゅうはん》の攘夷行動《じょういこうどう》が、ようやくイギリスにも降《ふ》りかかってきたのである。

蛤御《はまぐりご》門《もん》の変《へん》

幕府《ばくふ》は朝廷《ちょうてい》の周辺《しゅうへん》から急進派《きゅうしんは》の公卿《くぎょう》をのぞき、親幕的《しんばくてき》な（幕府《ばくふ》と親《した》しい）色彩《しきさい》に塗《ぬ》りかえて、なんとか条約《じょうやく》への勅許《ちょっきょ》をとりつけて自己《じこ》の立場《たちば》を正当化《せいとうか》しようとあせっている。

このころ薩摩藩《さつまはん》は、九州南端《きゅうしゅうなんたん》の辺境《へんきょう》で力《ちから》を肥《こ》やしていた外様大名《とざまだいみょう》の位置《いち》からぬけ出《だ》し、中央《ちゅうおう》での主導権《しゅどうけん》をにぎろうと、しきりに京都《きょうと》や江戸《えど》にはたらきかけていた。

幕府《ばくふ》の機構《きこう》に首《くび》を突《つ》っこもうという野心《やしん》をむき出《だ》しにしていたから、会津《あいづ》とむすんだ八《はち》・一八政変《いちはちせいへん》で、敵対関係《てきたいかんけい》にあった長州藩《ちょうしゅうはん》を追《お》いおとしたあと、いよいよ次《つぎ》の段階《だんかい》に踏《ふ》み出《だ》そうとしていた。

元治《げんじ》元年《がんねん》六月五日《がついつか》、京都《きょうと》では近藤勇《こんどういさみ》のひきいる新選組《しんせんぐみ》が池田屋《いけだや》を襲撃《しゅうげき》した。長州藩士《ちょうしゅうはんし》をふくむ二十人《にん》ばかりの志士《しし》がここで闘死《とうし》し傷《きず》ついて自決《じけつ》し、あるいは捕《とら》えられた。

池田屋事件《いけだやじけん》は、長州藩《ちょうしゅうはん》に強《つよ》い衝撃《しょうげき》をあたえ、その直後《ちょくご》、長州兵《ちょうしゅうへい》二千人《せんにん》が藩主《はんしゅ》の軍令状《ぐんれいじょう》を持《も》って大挙《たいきょ》、上京《じょうきょう》した。京都《きょうと》での立場《たちば》を回復《かいふく》するための一種《いっしゅ》の強訴《ごうそ》であった。

前年《ぜんねん》八月《がつ》十八日《にち》の政変《せいへん》で京都《きょうと》を追放《ついほう》された長州藩《ちょうしゅうはん》は、それまで、称賛《しょうさん》されていた下関《しものせき》での攘夷戦《じょういせん》も不届《ふとど》きな所業《しょぎょう》として、幕府《ばくふ》はもちろん、朝廷《ちょうてい》からもてのひらをかえしたような難詰《なんきつ》（欠点《けってん》を非難《ひなん》して問《と》いつめる）をむけられていた。

政情《せいじょう》は二転《にてん》、三転《さんてん》しながら、長州藩《ちょうしゅうはん》を孤立《こりつ》させていくのである。

京都出兵《きょうとしゅっぺい》は、藩《はん》の正規軍《せいきぐん》と、諸隊《しょたい》からは一隊《いったい》あたり十人《にん》から二十人《にん》が選《えら》ばれて混成旅団《こんせいりょだん》を編成《へんせい》し、これに浪士《ろうし》たちがくわわった。

浪士《ろうし》といえば、文久《ぶんきゅう》三年《ねん》五月十日《がつとおか》、関門海峡《かんもんかいきょう》での攘夷行動《じょういこうどう》を強引《ごういん》に推進《すいしん》し、騒《さわ》ぎたてた光明寺党《こうみょうじとう》の者《もの》たちは、このころすでに下関《しものせき》にはいなかったのである。

彼《かれ》らは六月一日《がっついたち》のアメリカ軍艦《ぐんかん》の襲撃《しゅうげき》に前後《ぜんご》して京都方面《きょうとほうめん》に移動《いどう》しており、多《おお》くはこの京都出兵《きょうとしゅっぺい》のとき現地《げんち》で参加《さんか》し、攘夷《じょうい》に次《つ》ぐ長州《ちょうしゅう》の暴走《ぼうそう》に加担《かたん》したものとみられる。

京都出兵《きょうとしゅっぺい》のころ、外国《がいこく》の連合艦隊《れんごうかんたい》が長州《ちょうしゅう》を襲《おそ》ってくるのではないかという風説《ふうせつ》が流《なが》れていたので、兵隊《へいたい》をはじめ十一を数《かぞ》えた諸隊《しょたい》は藩内《はんない》での持《も》ち場《ば》で警備《けいび》につくことを命《めい》じられていた。以前《いぜん》は関門海峡《かんもんかいきょう》から下関《しものせき》を攻《せ》めてきたが、次《つぎ》は瀬戸内海《せとないかい》の周防方面《すおうほうめん》から上陸《じょうりく》し、長州全土《ちょうしゅうぜんど》が戦場《せんじょう》になるのではないかとの恐《おそ》れがあったので、大島郡《おおしまぐん》から防府《ほうふ》、小郡一帯《おごおりいったい》にかけても厳重《げんじゅう》に警戒《けいかい》した。

京都出兵《きょうとしゅっぺい》とあわせ、長州藩内《ちょうしゅうはんない》の危機感《ききかん》は最高潮《さいこうちょう》に達《たっ》した。

奇兵隊《きへいたい》などが下関《しものせき》の砲台《ほうだい》で、あらわれぬ敵《てき》を待《ま》っているうち、京都《きょうと》では出兵《しゅっぺい》した長州兵《ちょうしゅうへい》がついに軍事行動《ぐんじこうどう》をおこした。

蛤御門《はまぐりごもん》の変《へん》（禁門《きんもん》の変《へん》）が勃発《ぼっぱつ》したのは、元治元年《げんじがんねん》七月十九日《がっにち》の夜《よる》である。敵《てき》は会津《あいづ》兵《へい》だったが、薩摩《さつま》の参戦《さんせん》で長州兵《ちょうしゅうへい》は惨敗《ざんぱい》し、久坂玄瑞《くさかげんずい》、来島又兵衛《きじままたべえ》ら長州《ちょうしゅう》の過激論者《かげきろんじゃ》はこの戦《たたか》いで討《う》ち死《じ》にした。

浪士隊《ろうしたい》をひきいて出兵《しゅっぺい》にくわわった久留米《くるめ》の真木和泉《まきいずみ》は大阪天王山《おおさかてんのうざん》にしりぞき「外艦《がいかん》が下関《しものせき》を襲《おそ》おうとしている。諸君《しょくん》ははやく帰国《きこく》して防衛《ぼうえい》にあたれ」といいのこして自殺《じさつ》した。

蛤御門《はまぐりごもん》の変《へん》のとき、長州藩兵《ちょうしゅうはんぺい》が撃《う》った弾丸《だんがん》が御所内《ごしょない》に飛《と》びこんだことから、朝廷《ちょうてい》に弓《ゆみ》をひく者《もの》として、長州《ちょうしゅう》は〝朝敵《ちょうてき》〟となり、立場《たちば》はますます悪化《あっか》した。

幕府《ばくふ》は朝廷《ちょうてい》に請《こ》い、長州征伐《ちょうしゅうせいばつ》の勅命《ちょくめい》を手《て》にいれた。

かろうじて郷里《きょうり》に逃《に》げ帰《かえ》った長州兵《ちょうしゅうへい》を待《ま》っていたのは外国連合艦隊《がいこくれんごうかんたい》の来襲《らいしゅう》と、幕府《ばくふ》の長《ちょう》州征伐《しゅうせいばつ》である。内外《ないがい》に敵《てき》をうけて長州《ちょうしゅう》は文字《もじ》どおりの藩難《はんなん》を迎《むか》えようとしている。

それが、攘夷戦《じょういせん》、京都出兵《きょうとしゅっぺい》と、かさなる暴走《ぼうそう》によって得《え》た、にがい報酬《ほうしゅう》であった。危機《きき》的状況《てきじょうきょう》は、刻々《こくこく》と近《ちか》づいてきた。

長州藩《ちょうしゅうはん》をやっつける

オルコックが休暇《きゅうか》あけで任地《にんち》の横浜《よこはま》に帰《かえ》ってきたのは、京都《きょうと》を追放《ついほう》された長州藩《ちょうしゅうはん》のあせりが、ぼつぼつ爆発《ばくはつ》に近《ちか》い状況《じょうきょう》に達《たつ》しようとする元治《げんじ》元年《がんねん》一月《がつ》だった。兵《へい》を京都《きょうと》に送《おく》りこもうという過激論《かげきろん》をかろうじておさえているころである。

オルコックは帰任《きにん》するなり、ある重大《じゅうだい》な計画《けいかく》を実行《じっこう》に移《うつ》すべく、積極的《せっきょくてき》な行動《こうどう》をはじめた。

――長州藩《ちょうしゅうはん》をやっつける。

横浜《よこはま》で連合艦隊《れんごうかんたい》を編成《へんせい》し、四カ国《こく》で下関《しものせき》を襲撃《しゅうげき》し、関門海峡《かんもんかいきょう》の自由航行《じゆうこうこう》を獲得《かくとく》するというものである。

海峡航行中《かいきょうこうこうちゅう》、長州藩《ちょうしゅうはん》に砲撃《ほうげき》されて被害《ひがい》をうけたのは、アメリカ、フランス、オランダ三国《ごく》である。アメリカ、フランスは軍艦《ぐんかん》で下関《しものせき》を攻撃《こうげき》し、報復《ほうふく》をすませている。報復《ほうふく》を終《お》えていないのは、オランダだけだ。

オルコックは米《べい》・仏《ふつ》・蘭《らん》三カ国《こく》に呼《よ》びかけて、長州藩《ちょうしゅうはん》に罰《ばつ》をあたえようというのだが、その呼《よ》びかけ人《にん》のイギリスは、被害国《ひがいこく》ではないのだから、おかしな話《はなし》だといって、どこものり気《き》を見《み》せない。

オルコックは熱心《ねっしん》に彼《かれ》らを説得《せっとく》した。問題《もんだい》は関門海峡《かんもんかいきょう》の航行《こうこう》だけではない。攘夷主義《じょういしゅぎ》の本拠《ほんきょ》である長州藩《ちょうしゅうはん》を撃《う》って、攘夷《じょうい》を〝改宗《かいしゅう》〟させなければ、この国《くに》でわれわれの安全《あんぜん》がたもたれる日《ひ》はいつまでもやってこない。このさい徹底的《てっていてき》に長州《ちょうしゅう》の頑迷《がんめい》（頑固《がんこ》で道理《どうり》がわからない）な攘夷論《じょういろん》をたたきつぶそうというのである。

ようやくアメリカとオランダが同調《どうちょう》する気配《けはい》を見《み》せた。といってもアメリカは南北戦争《なんぼくせんそう》の真《ま》っ最中《さいちゅう》で、日本《にほん》のことなどかまってはおれないといった事情《じじょう》がある。

しかし国内《こくない》がおちついたあと、日本《にほん》をめぐる利権《りけん》からはずされてはこまるので、名目《めいもく》だけでも足並《あしな》みはそろえておくというのが、アメリカ公使《こうし》ブリュインの判断《はんだん》だ。

もともと日本《にほん》の鎖国《さこく》の扉《とびら》をひらいたのは、自分《じぶん》たちだという自負《じふ》をアメリカ人《じん》はもっている。

オランダは長州藩《ちょうしゅうはん》からやられっぱなしだから、このさい自国《じこく》の東洋艦隊《とうようかんたい》を参加《さんか》させてもよいという気《き》になったらしい。

フランスはどうか。公使《こうし》のロッシュは、うちはすでに報復《ほうふく》をすませて賠償金《ばいしょうきん》の問題《もんだい》もかたづきそうなので、攻撃《こうげき》の名目《めいもく》がたたない。参加《さんか》できないと拒否《きょひ》していた。

「フランスのやつ、横車《よこぐるま》をおしてくる」

オルコックは、しきりに悔《くや》しがっている。

「本国《ほんごく》からの指示《しじ》かもしれませんね」

サトウはそばから口《くち》を出《だ》した。イギリスとフランスは、ヨーロッパで長《なが》い年月《ねんげつ》にわたり対立《たいりつ》をつづけている。どうしようもない英仏対立《えいふつたいりつ》の構図《こうず》を極東《きょくとう》まで持《も》ち越《こ》しているのだ。

「いや、そんなこともいっていられなくなるよ」

「いずれ、のってくるということですか」

「まあ、そうだ。君《きみ》はわたしがどういうふうに問題《もんだい》を処理《しょり》するか、よく見《み》ておくがいい。いつかは外交官《がいこうかん》になるのだからね」

「はい、拝見《はいけん》させていただきます」

「サトウ君《くん》はこれから、もっと日本語《にほんご》の勉強《べんきょう》もしなければならないが、日本《にほん》という国《くに》のこともよく知《し》っておくことが大事《だいじ》だ。この国《くに》はいま、大《おお》きな転換期《てんかんき》をむかえようとして、揺《ゆ》れうごいている。われわれは、たいへんなところにやってきているわけだが、ひとつの国《こっ》家《か》が生《う》まれかわろうとしているとき、外国《がいこく》の使臣《ししん》としてそれに立《た》ち会《あ》うということは一生《いっしょう》のうち何度《なんど》もあることではない。そのつもりではげんでもらいたい」

オルコックは、サトウに期待《きたい》しているようだった。

連合艦隊出動《れんごうかんたいしゅつどう》

長崎貿易《ながさきぼうえき》の衰微《すいび》に気《き》づいたイギリスのおどろきによって、状況《じょうきょう》は急速《きゅうそく》にうごきはじめた。長州《ちょうしゅう》藩《はん》懲罰《ちょうばつ》に冷淡《れいたん》な態度《たいど》を見《み》せていたイギリスが、一転《いってん》してこの問題《もんだい》を積極的《せっきょくてき》に推進《すいしん》する立場《たちば》をとったからだ。

イギリス公使《こうし》オルコックは、不同意《ふどうい》のフランスをはずして英《えい》・米《べい》・蘭《らん》三カ国《こく》で軍艦《ぐんかん》の出動準備《しゅつどうじゅんび》にとりかかった。

イギリス九隻《せき》、オランダ四隻《せき》、アメリカ一隻《いっせき》の計《けい》十四隻《せき》の艦隊《かんたい》である。イギリスの九隻《せき》だけで充分《じゅうぶん》なのだ。三国《ごく》をさそったのはイギリスの単独行動《たんどくこうどう》では、あとで非難《ひなん》される恐《おそ》れがあるので、それをまぬがれるためにすぎない。

アメリカの一隻《いっせき》などは軍艦《ぐんかん》ではなく、どこからかチャーターしてきた石炭《せきたん》の運搬船《うんぱんせん》である。

関門海峡《かんもんかいきょう》の通航《つうこう》を確保《かくほ》するための「三国連合《さんごくれんごう》」のうごきが具体化《ぐたいか》したのを見《み》て、フランスが参加《さんか》するといいだしたのは、元治元年《げんじがんねん》四月《がつ》にはいってからだった。

オルコックが思《おも》ったとおり、長州藩《ちょうしゅうはん》をたたいたあと、イギリスに主導権《しゅどうけん》を独占《どくせん》されるのを恐《おそ》れての同調《どうちょう》である。

フランスの四隻《せき》がくわわり四カ国連合艦隊《こくれんごうかんたい》十七隻《せき》の編成《へんせい》を終《お》わったのは、六月《がつ》になってからである。いよいよ横浜出航《よこはましゅっこう》が近《ちか》づいたころになって、オルコックのもとに本国《ほんごく》から下関攻撃《せきこうげき》はやめるようにとの訓令《くんれい》が届《とど》いた。

領海内航路《りょうかいないこうろ》の自由通航《じゆうつうこう》は、昔《むかし》もいまも複雑《ふくざつ》な国際問題《こくさいもんだい》で、現在《げんざい》のマラッカ海峡《かいきょう》なども、その一例《いちれい》である。かなり性格《せいかく》はちがうが、スエズ運河《うんが》にしても、一国《いっこく》が〝私物化《しぶっか》〟してこれを封鎖《ふうさ》している状況《じょうきょう》に対《たい》し、まったく批判《ひはん》がないわけではない。

地中海《ちちゅうかい》とインド洋《よう》が隔絶《かくぜつ》され、世界中《せかいじゅう》のおびただしい船舶《せんぱく》がアフリカ南端《なんたん》を遠回《とおまわ》りするという不便《ふべん》さをがまんできない。一九五六年《ねん》のスエズ戦争《せんそう》は、そのようにしてはじまったのだ。

だからといって、自国《じこく》の便益《べんえき》、利害《りがい》のために、その運河《うんが》の所有国《しょゆうこく》に力《ちから》を背景《はいけい》として開放《かいほう》をせまるようなことが正当《せいとう》な行為《こうい》とはいえないだろう。

十九世紀《せいき》のイギリス国会《こっかい》でも、イギリスが主唱《しゅしょう》する連合艦隊《れんごうかんたい》が下関《しものせき》を攻撃《こうげき》するという新《しん》聞報道《ぶんほうどう》を見《み》た野党議員《やとうぎいん》たちが国際法上《こくさいほうじょう》、許《ゆる》されないとする意見《いけん》を述《の》べはじめたのは、さすがだった。

一国《いっこく》の領海内《りょうかいない》における無害航行《むがいこうこう》（邪魔《じゃま》されずに通《とお》る）は、すでに国際法上認《こくさいほうじょうみと》められる船舶《せんぱく》の権利《けんり》である。しかし現代《げんだい》でいえば軍艦《ぐんかん》の場合《ばあい》、戦時《せんじ》はもちろん不可《ふか》、平時《へいじ》でも国際慣例《こくさいかんれい》として、消極的《しょうきょくてき》にこれを許《ゆる》すといった程度《ていど》だが、なお論議《ろんぎ》を呼《よ》ぶ問題《もんだい》だ。

関門海峡《かんもんかいきょう》は、れっきとした領海内航路《りょうかいないこうろ》であり、軍艦《ぐんかん》の自由航行《じゆうこうこう》はやはり問題《もんだい》になる。幕末《ばくまつ》のこの時期《じき》に、長州《ちょうしゅう》がそれを制約《せいやく》しようとしたのは、かならずしも理不尽《りふじん》な行為《こうい》ではなかったのである。

もっとも長州藩《ちょうしゅうはん》の攘夷行動《じょういこうどう》は無警告《むけいこく》、無差別《むさべつ》で、商船《しょうせん》にも砲撃《ほうげき》をくわえている点《てん》で、非難《ひなん》されるべき内容《ないよう》は多《おお》くふくんでいるが、それにしてもイギリスから武力《ぶりょく》を行使《こうし》されるいわれはなかったのだ。

イギリス外務省《がいむしょう》は、オルコックに中止《ちゅうし》を命《めい》じたが、すでに艦隊出動《かんたいしゅつどう》はすべり出《だ》している。オルコックは訓令《くんれい》をにぎりつぶした。処罰《しょばつ》は覚悟《かくご》のうえである。現代《げんだい》では考《かんが》えられない外交官《がいこうかん》の独断専行《どくだんせんこう》であった。

「わたしがどういうふうに問題《もんだい》を処理《しょり》するか、よく見《み》ておくがいい」

と自信《じしん》ありげにいったオルコックの言葉《ことば》を、サトウが思《おも》い出《だ》していると、公使《こうし》からの命令《めいれい》が伝《つた》えられた。

「アーネスト・サトウは旗艦《きかん》ユーリアラス号《ごう》に搭乗《とうじょう》、通訳《つうやく》の業《ぎょう》に従《したが》うこと」

それはすでに予想《よそう》していたが、興奮《こうふん》した。薩英戦争《さつえいせんそう》で一度《いちど》は経験《けいけん》したが、こんどは本格《ほんかく》的《てき》な戦争《せんそう》である。従軍通訳《じゅうぐんつうやく》だ。

関門海峡《かんもんかいきょう》の海戦《かいせん》

アヘン戦争《せんそう》以来《いらい》上海《シャンハイ》が国際港《こくさいこう》となり、またペリーが実現《じつげん》させた日本《にほん》の鎖国解除《さこくかいじょ》によって、上海《シャンハイ》－長崎《ながさき》－横浜《よこはま》といった航路《こうろ》を、各国《かっこく》が頻繁《ひんぱん》に往復《おうふく》するようになると、関門海峡《かんもんかいきょう》はどうしても無視《むし》できない「運河《うんが》」であった。

とくに幕末《ばくまつ》の開国《かいこく》により、長崎《ながさき》は西日本《にしにほん》における唯一《ゆいいつ》の貿易港《ぼうえきこう》としてますますその機能《きのう》を高《たか》めたが、そのためにも瀬戸内海《せとないかい》は重要《じゅうよう》な航路《こうろ》として、最大限《さいだいげん》に利用《りよう》されていた。

そのノド首《くび》にあたる関門海峡《かんもんかいきょう》を長州《ちょうしゅう》が封鎖《ふうさ》したのである。この冒険政策《ぼうけんせいさく》がたちまち国際《こくさい》紛争《ふんそう》に火《ひ》をつけたのは当然《とうぜん》すぎる結果《けっか》だった。

欧米列強《おうべいれっきょう》による下関攻撃《しものせきこうげき》は、いかなる理由《りゆう》をつけようとも不法行為《ふほうこうい》であることは、イギリス国会《こっかい》でその声《こえ》が出《で》ていることが、なによりの証拠《しょうこ》である。

だが幕末《ばくまつ》、わが国《くに》に触手《しょくしゅ》をのばしてきた欧米国際資本勢力《おうべいこくさいしほんせいりょく》は、この国《くに》の攘夷《じょうい》を〝改宗《かいしゅう》〟させると叫《さけ》び、あえてその不法《ふほう》をやってのけたのである。

十七隻《せき》の四カ国連合艦隊《こくれんごうかんたい》と長州藩《ちょうしゅうはん》とのあいだでおこなわれた、いわゆる下関戦争最後《しものせきせんそうさいご》の交戦《こうせん》は八月五日《がついつか》から三日間《みっかかん》にわたって展開《てんかい》された。
長州軍《ちょうしゅうぐん》は列強《れっきょう》の戦力《せんりょく》に対抗《たいこう》すべくもなかった。しかし艦隊側《かんたいがわ》にかなりの打撃《だげき》をあたえている。

イギリス兵《へい》が八人《にん》、フランス兵二人《へいふたり》、オランダ兵二人《へいふたり》、計《けい》十二人《にん》の死者《ししゃ》を数《かぞ》えた。戦艦《せんかん》ユーリアラス号《ごう》の艦長《かんちょう》が重傷《じゅうしょう》を負《お》ったのをはじめ、死傷者《ししょうしゃ》は六十二人《にん》に達《たっ》した。長《ちょう》州側《しゅうがわ》の戦死者《せんししゃ》十八人《にん》、負傷者《ふしょうしゃ》は二十九人《にん》だった。

外国軍迎撃《がいこくぐんげいげき》の目的《もくてき》で結成《けっせい》された奇兵隊《きへいたい》だが、連合艦隊《れんごうかんたい》との交戦《こうせん》で期待《きたい》されたほどの威力《いりょく》を発揮《はっき》したわけではなかった。

なんといっても近代火器《きんだいかき》を搭載《とうさい》した軍艦《ぐんかん》や異人兵《いじんへい》と対等《たいとう》に戦《たたか》うだけの戦力《せんりょく》を身《み》につけていないときだ。惨敗《ざんぱい》して長州藩《ちょうしゅうはん》は降伏《こうふく》した。

終結近《しゅうけつちか》い戦場《せんじょう》の模様《もよう》をサトウの後年《こうねん》の著書《ちょしょ》『一外交官《いちがいこうかん》の見《み》た明治維新《めいじいしん》』（坂田精一《さかたせいいち》訳《やく》）で、覗《のぞ》いてみよう。

日本人《にほんじん》が頑強《がんきょう》に戦《たたか》ったことは、認《みと》めてやらなければならない。日本《にほん》の砲手《ほうしゅ》は、一回《かい》の発射《はっしゃ》だけで、すぐに新手《あらて》と交代《こうたい》すると聞《き》いていたのが、事実《じじつ》はまったくこれと相違《そうい》していたからだ。

わが方《ほう》の砲弾《ほうだん》は、最初《さいしょ》のうちはあまり届《とど》かなかったが、着弾距離《ちゃくだんきょり》がはっきりしてからは、絶《た》えず砲台《ほうだい》に命中《めいちゅう》していることが、打《う》ちあげられる土煙《つちけむり》を見《み》ても明《あき》らかだった。

撃《う》ち方《かた》やめの信号《しんごう》が出《で》てから、パーシューズ号《ごう》のキングストンとメズサ号《ごう》のデ・カムセプロートの両艦長《りょうかんちょう》が上陸《じょうりく》して、前田村砲台《まえだむらほうだい》の砲《ほう》十四門《もん》に鉄釘《てっくぎ》を打《う》ちこみ、発射不能《はっしゃふのう》にしてしまった。

串崎岬《くしざきみさき》の小砲台《しょうほうだい》は、三門《さんもん》の砲《ほう》のうち二門《にもん》までをわが方《ほう》の砲撃《ほうげき》で破壊《はかい》した。第一日《だいにち》における当方《とうほう》の死傷者《ししょうしゃ》は全部《ぜんぶ》で六名《めい》だったが、これは砲火《ほうか》の的《まと》になったターター号《ごう》の艦上《かんじょう》でやられたのだ。

翌早朝《よくそうちょう》、前田村砲台群《まえだむらほうだいぐん》の一砲台《ほうだい》が、田野浦沖《たのうらおき》に碇泊中《ていはくちゅう》の艦隊《かんたい》にむかってふたたび攻撃《こうげき》をはじめたが、応戦《おうせん》して、これを沈黙《ちんもく》させた。

この背後《はいご》にある兵営《へいえい》は火災《かさい》を起《お》こした。この砲戦《ほうせん》でデュプレスク号《ごう》は死者《ししゃ》二名《めい》、負傷者《ふしょうしゃ》二名《めい》を出《だ》し、ターター号《ごう》の海軍大尉《かいぐんたいい》は球形弾《きゅうけいだん》に臀部《でんぶ》をやられ、重傷《じゅうしょう》を負《お》った。軍医《ぐんい》はもうだめだといったのだが、この大尉《たいい》は危《あや》うく生命《せいめい》をとりとめた……。

八月八日《がつようか》、高杉晋作《たかすぎしんさく》を正使《せいし》とする長州藩《ちょうしゅうはん》の講和使節《こうわしせつ》は旗艦《きかん》ユーリアラス号《ごう》を訪《おとず》れ、連合《れんごう》艦隊《かんたい》の代表《だいひょう》クーパー提督《ていとく》と講和談判《こうわだんぱん》を開始《かいし》、このとき連合国側《れんごうこくがわ》は賠償金《ばいしょうきん》として三百万《びゃくまん》ドルを要求《ようきゅう》した。日本《にほん》のお金《かね》にして約《やく》八百《ぴゃく》七万両《まんりょう》という巨額《きょがく》である。

講和談判《こうわだんぱん》の長州藩側全権《ちょうしゅうはんがわぜんけん》としてユーリアラス号《ごう》にあらわれた男《おとこ》は家老《かろう》だと名《な》のったが、高杉晋作《たかすぎしんさく》であることはあとでわかったことである。

サトウは『一外交官《いちがいこうかん》の見《み》た明治維新《めいじいしん》』で、ユーリアラスにあらわれた高杉《たかすぎ》の印象《いんしょう》を次《つぎ》のように語《かた》っている。

「使者《ししゃ》は、艦上《かんじょう》に足《あし》を踏《ふ》みいれたときには悪魔《あくま》のように傲然《ごうぜん》としていたのだが、すべての提案《ていあん》をなんの反対《はんたい》もなく承認《しょうにん》してしまった。それには大《おお》いに伊藤《いとう》（俊輔《しゅんすけ》・博文《ひろぶみ》）の影響《えいきょう》があったようだ」

ここだけ読《よ》むと、高杉《たかすぎ》が素直《すなお》に相手《あいて》の要求《ようきゅう》をのんだようだが、三百万《びゃくまん》ドルの賠償金《ばいしょうきん》は、断固《だんこ》としてはねつけ、われわれは幕府《ばくふ》の指示《しじ》によって攘夷戦《じょういせん》を敢行《かんこう》したのだから、賠償金《ばいしょうきん》は幕府《ばくふ》からとってくれと主張《しゅちょう》した。

連合国側《れんごうこくがわ》が難色《なんしょく》をしめすと、それがだめならもう一度戦《ひとたびたたか》うしかないといいはなったのである。サトウは次《つぎ》のように書《か》いている。

「おどろいたことには、彼《かれ》らの唯一《ゆいいつ》の目的《もくてき》は、長州人《ちょうしゅうじん》の士気《しき》がまだ沮喪《そそう》（気《き》おちする）しきっていないことをわたしたちに知《し》らせることにあったのだ。そして、わが方《ほう》の要求《ようきゅう》があまり過大《かだい》である場合《ばあい》は、屈伏《くっぷく》よりも、むしろ戦《たたか》うことを望《のぞ》んでいたのである」
とうてい長州藩《ちょうしゅうはん》にそれを支払《しはら》う意思《いし》がないとみた連合国《れんごうこく》は、高杉《たかすぎ》がいうとおり賠償金《ばいしょうきん》は幕府《ばくふ》に要求《ようきゅう》することにして、海峡《かいきょう》の自由通航確保《じゆうつうこうかくほ》その他《た》の条件《じょうけん》を締結《ていけつ》して講和《こうわ》は成立《せいりつ》した。結局《けっきょく》、幕府《ばくふ》は三百万《びゃくまん》ドルのうち百万《ひゃくまん》ドルを、二回《かい》に分《わ》けて連合国《れんごうこく》に支払《しはら》い、のこりの二百万《ひゃくまん》ドルは明治政府《めいじせいふ》がうけ継《つ》ぎ、明治《めいじ》七（一八七四）年《ねん》七月《がつ》に全額《ぜんがく》を償了《しょうりょう》した。

この最後《さいご》の攘夷戦《じょういせん》の結果《けっか》、長州藩《ちょうしゅうはん》はイギリスと急接近《きゅうせっきん》した。新式小銃《しんしきしょうじゅう》を購入《こうにゅう》するなどして軍備《ぐんび》の増強《ぞうきょう》を進《すす》め、奇兵隊《きへいたい》もようやく軍隊《ぐんたい》らしい体裁《ていさい》をととのえはじめた。洋式軍事《ようしきぐんじ》訓《くん》練《れん》をほどこして見《み》ちがえるような戦闘集団《せんとうしゅうだん》に成長《せいちょう》していく。

攘夷戦《じょういせん》の結果《けっか》が誘引《ゆういん》した、幕府《ばくふ》の弱点《じゃくてん》につけこむ外国《がいこく》の一連《いちれん》の対日政策《たいにちせいさく》が、のちの時代《じだい》まで重《おも》い国家的負担《こっかてきふたん》をのこしたのである。

しかし長州藩《ちょうしゅうはん》が敢行《かんこう》した攘夷戦《じょういせん》は攘夷《じょうい》の意図《いと》とは逆《ぎゃく》に、低迷《ていめい》していた日本《にほん》の開国《かいこく》を一挙《いっきょ》に推《お》し進《すす》め、徳川《とくがわ》の封建体制《ほうけんたいせい》を倒《たお》して、明治維新《めいじいしん》という歴史的変革《れきしてきへんかく》をもたらす要因《よういん》としての役割《やくわり》を持《も》ち得《え》たのだった。

暗殺者《あんさつしゃ》

下関戦争《しものせきせんそう》が終《お》わり、サトウらが横浜《よこはま》にひきあげてまもなくの元治元《げんじがん》(一八六四)年《ねん》十月《がつ》二十二日《にち》、鎌倉《かまくら》で外国人殺害事件《がいこくじんさつがいじけん》が発生《はっせい》した。連合艦隊《れんごうかんたい》の下関襲撃《しものせきしゅうげき》に対《たい》する報復《ほうふく》の暗殺《あんさつ》と思《おも》われる。

その日《ひ》、駐留《ちゅうりゅう》イギリス軍第二十連隊《ぐんだいれんたい》のボールドウィン少佐《しょうさ》とバード中尉《ちゅうい》が鎌倉《かまくら》の大仏《だいぶつ》を見物《けんぶつ》していたとき、日本刀《にほんとう》をふりかざす浪人風《ろうにんふう》の男数名《おとこすうめい》に襲《おそ》われた。ボールドウィン少佐《しょうさ》は即死《そくし》、バード中尉《ちゅうい》は重傷《じゅうしょう》を負《お》わされて数時間後《すうじかんご》に息《いき》をひきとった。

二名《めい》の下手人《げしゅにん》はほどなく捕《つか》まり、十一月《がつ》十八日《にち》に処刑《しょけい》するので、立会《たちあ》ってもらいたいと奉行所《ぶぎょうしょ》から達《たっ》しがあった。オルコックが帰国中《きこくちゅう》だったので、サトウが処刑場《しょけいじょう》に行《い》く。

外国人《がいこくじん》や日本人《にほんじん》の見物人《けんぶつにん》が大勢《おおぜい》あつまっていた。三時《じ》すこし過《す》ぎたころ、罪人《ざいにん》がくるというささやきが伝《つた》わった。扉《とびら》がひらかれて、目隠《めかく》しされ、縛《しば》られた男《おとこ》が、群衆《ぐんしゅう》のあいだをひかれてきた。

その男《おとこ》は、荒《あら》むしろの上《うえ》にひざまずかされた。背後《はいご》の地面《じめん》には、血《ち》をうける穴《あな》が掘《ほ》ってあった。

付添《つきそ》いの者《もの》が、この男《おとこ》の着物《きもの》を下《した》にひっぱって頸部《けいぶ》（首《くび》）を露出《ろしゅつ》させ、刀《かたな》のねらいをよくするために、罪人《ざいにん》の髪《かみ》の毛《け》をなであげた。

刑吏《けいり》（死刑執行《しけいしっこう》の役人《やくにん》）は、刀《かたな》の柄《つか》に綿布《めんぷ》をまきつけて、刃《は》を充分《じゅうぶん》に研《と》ぎあげてから、罪人《ざいにん》の左《ひだり》に位置《いち》をしめた。

それから、双手《そうしゅ》（両手《りょうて》）で刀《かたな》を頭上《ずじょう》に高《たか》くふりかぶって、これを打《う》ちおろすや、首《くび》は胴体《どうたい》から完全《かんぜん》にきり離《はな》された。

刑吏《けいり》は、その首《くび》を持《も》ちあげて、立会《たちあ》いの首席役人《しゅせきやくにん》の検視《けんし》に供《きょう》した。その役人《やくにん》は簡単《かんたん》に、「見届《みとど》けた」といった。

もうひとりの下手人《げしゅにん》の清水《しみず》は日本《にほん》の役人《やくにん》に目隠《めかく》しをしないでくれと頼《たの》み、一篇《いっぺん》の詩《し》を吟誦《ぎんしょう》した。それを訳《やく》すと次《つぎ》のような意味《いみ》になるだろう。

「わたしは捕《と》らえられて、死刑《しけい》になるとも悔《く》いるところはない。なぜなら夷狄《バーバリアンズ》を殺《ころ》すことは、日本人《にほんじん》の真《しん》の精神《せいしん》であるから」

付添《つきそ》いの者《もの》が清水《しみず》の着物《きもの》の衿《えり》をうしろにひっぱって、刑吏《けいり》が斬《き》りおろせるように用意《ようい》していたとき、うんと斬《き》りよいように縄目《なわめ》をゆるめてくれと、清水《しみず》がいった。そして「後世《こうせい》の人々《ひとびと》は、清水《しみず》は実《じつ》に立派《りっぱ》な男《おとこ》だったというだろう」とつけくわえた。

(アーネスト・サトウ著《ちょ》『一外交官《いちがいこうかん》の見《み》た明治維新《めいじいしん》』坂田精一《さかたせいいち》訳《やく》)

鎌倉事件《かまくらじけん》の犯人《はんにん》が処刑《しょけい》されてからも、外国人殺傷事件《がいこくじんさっしょうじけん》は頻発《ひんぱつ》した。サトウは日本《にほん》にいるあいだに何度《なんど》か、イギリス人《じん》を殺《ころ》した犯人《はんにん》の処刑《しょけい》に立《た》ち会《あ》っている。刑場《けいじょう》でのサトウはほとんど顔色《かおいろ》もかえず、陰惨《いんさん》な刑罰《けいばつ》を凝視《ぎょうし》し、その模様《もよう》をくわしく記録《きろく》した。斬首《ざんしゅ》ではなく切腹《せっぷく》の刑《けい》にも立《た》ち会《あ》った。

また卑劣《ひれつ》な暗殺者《あんさつしゃ》の処刑《しょけい》には、名誉《めいよ》とされる切腹《せっぷく》ではなく、きびしい懲罰《ちょうばつ》としての斬首《ざんしゅ》とするようにという公使館《こうしかん》からの希望《きぼう》を当局《とうきょく》に伝《つた》えることもあった。

サトウは同胞《どうほう》を殺《ころ》した彼《かれ》らの罪《つみ》に対《たい》する正当《せいとう》な罰《ばつ》として、冷静《れいせい》に処刑《しょけい》を確認《かくにん》したが、報復《ほうふく》という観念《かんねん》を抱《いだ》いてはいけないと自分《じぶん》にいい聞《き》かせていた。

こうして、わたしの日本《にほん》に滞在中《たいざいちゅう》のあらゆる経験《けいけん》のなかでもっとも劇的《げきてき》な事件《じけん》のひとつ（鎌倉事件《かまくらじけん》）が終了《しゅうりょう》したのである。

この暗殺者《あんさつしゃ》を憎《にく》まずにはおれないが、しかし日本人《にほんじん》の立場《たちば》になってこの事件《じけん》を見《み》ると、正直《しょうじき》なところわたしはなんとしても、この明《あき》らかに英雄的《えいゆうてき》な気質《きしつ》をもった男《おとこ》が、祖国《そこく》をこんな手段《しゅだん》ですくうことができると信《しん》ずるまでにあやまった信念《しんねん》をいだくようになったのを遺憾《いかん》とせずにはいられなかった。

しかし日本《にほん》の暗殺者《あんさつしゃ》の刃《やいば》に仆《たお》れた外国人《がいこくじん》の血《ち》も、またその報復《ほうふく》として処刑《しょけい》された人々《ひとびと》の生命《せいめい》も、やがて後年《こうねん》その実《み》をむすんで、国家再生《こっかさいせい》の樹木《じゅもく》を生《しょう》ぜさせた大地《だいち》に肥沃《ひよく》の力《ちから》をあたえたのであった。

（アーネスト・サトウ著《ちょ》『一外交官《いちがいこうかん》の見《み》た明治維新《めいじいしん》』坂田精一《さかたせいいち》訳《やく》）

サトウのこの言葉《ことば》は感動的《かんどうてき》だ。幕末激動期《ばくまつげきどうき》の日本《にほん》には多《おお》くの使臣《ししん》をはじめ外国人《がいこくじん》が滞在《たいざい》して、ものも多《おお》く書《か》きのこしているが、こんな言葉《ことば》を吐《は》いた外国人《がいこくじん》はいない。

日本文化《にほんぶんか》の理解者《りかいしゃ》であり、ヨーロッパの騎士道精神《きしどうせいしん》につうずる武士道《ぶしどう》にも共感《きょうかん》する親日《しんにち》イギリス人《じん》サトウだからこそ発《はっ》せられた言葉《ことば》だった。

第三章
風雲

純日本式《じゅんにほんしき》

わたしの食事《しょくじ》は、純日本式《じゅんにほんしき》です。
イギリスのビールのほかは、
万清《まんせい》という有名《ゆうめい》な料理屋《りょうりや》からはこばせていました。
家族《かぞく》といえば第《だい》一に用人《ようにん》。
この者《もの》の役目《やくめ》はいっさいの管理《かんり》、勘定《かんじょう》の支払《しはら》い、
直接会《ちょくせつあ》う必要《ひつよう》のない用事《ようじ》でくる人《ひと》との応接《おうせつ》を、
彼《かれ》がやります。
その次《つぎ》としては、食卓《しょくたく》にはべったり

小間使《こまづか》いとして立《た》ちはたらく十四歳《さい》の少年《しょうねん》がいます。
彼《かれ》はサムライ階級《かいきゅう》に属《ぞく》していますので、
外出《がいしゅつ》のときは、大小《だいしょう》の刀《かたな》を差《さ》す資格《しかく》がありました。

それから三十歳《さい》ばかりの女《おんな》がいます。
この女《おんな》の勤《つと》めは、床《ゆか》を掃除《そうじ》したり、
朝晩《あさばん》の雨戸《あまど》の開閉《かいへい》などです。

最後《さいご》は門番《もんばん》で、
彼《かれ》は庭《にわ》の掃除《そうじ》、馬《うま》の世話《せわ》などをします。

わたしが徒歩《とほ》、あるいは騎馬《きば》で外出《がいしゅつ》するときは、
ふたりの騎馬護衛《きばごえい》があとからついてきます。

この護衛《ごえい》は、この年《とし》のはじめ、
陸路《りくろ》大坂《おおさか》からの旅《たび》をしたさいに、

大君政府《たいくんせいふ》の命令《めいれい》でわたしについてきてから、
ずっとわたしの警備《けいび》にあたっています。
みなさんとも、親切《しんせつ》です。
わたしは自分《じぶん》の希望《きぼう》どおり
飯田町《いいだちょう》に一家《いっか》を構《かま》えたので、
日本語《にほんご》の勉強《べんきょう》と
日本人《にほんじん》との親《した》しい交際《こうさい》にうちこむことができました。
おかげで日本人《にほんじん》の思想《しそう》や見解《けんかい》に
精通《せいつう》するようになってきたので、
非常《ひじょう》に楽《たの》しくなりました。
新橋付近《しんばしふきん》の三汲亭《さんくてい》で、中村又蔵《なかむらまたぞう》と一緒《いっしょ》に晩飯《ばんめし》を食《た》べ、
もちろん芸者《げいしゃ》が酒《さけ》のお酌《しゃく》をし、

音楽《おんがく》や陽気《ようき》な会話《かいわ》に打《う》ち興《きょう》じ、
外国語《がいこくご》学校《がっこう》の教師《きょうし》・柳河春三《やながわしゅんぞう》といっしょに、
霊巌橋《れいげんばし》の大黒屋《だいこくや》で鰻飯《うなぎめし》を食《た》べたこともあります。

第《だい》一次長州征伐《じちょうしゅうせいばつ》

「尊王攘夷《そんのうじょうい》」の藩論《はんろん》を「尊王討幕《そんのうとうばく》」にきりかえた長州藩《ちょうしゅうはん》の新《あたら》しい敵《てき》は幕府《ばくふ》となるのだが、その路線《ろせん》が確定《かくてい》するまでには、激《はげ》しい藩内抗争《はんないこうそう》をへなければならなかった。

連合艦隊《れんごうかんたい》に惨敗《ざんぱい》したあと、長州藩《ちょうしゅうはん》ははやくも次《つぎ》の難局《なんきょく》にさしかかっていた。追《お》い打《う》ちをかける幕府《ばくふ》の大軍《たいぐん》が、長州《ちょうしゅう》に襲《おそ》いかかろうとしているのだ。

禁門《きんもん》の変《へん》で「朝敵《ちょうてき》」とされた長州藩《ちょうしゅうはん》を討伐《とうばつ》する勅許《ちょっきょ》はすでに出《で》ており、連合艦隊襲来《れんごうかんたいしゅうらい》と時《とき》をおなじくして、幕府《ばくふ》は諸大名《しょだいみょう》に長州征伐《ちょうしゅうせいばつ》の出陣《しゅつじん》を命《めい》じた。

本土側《ほんどがわ》と九州《きゅうしゅう》、そして海《うみ》から長州《ちょうしゅう》を包囲《ほうい》する作戦《さくせん》を立《た》て、広島《ひろしま》には三万余《まんよ》の幕軍《ばくぐん》が集結《しゅうけつ》して総攻撃《そうこうげき》の態勢《たいせい》をとりはじめた。第《だい》一次長州征伐《じちょうしゅうせいばつ》である。

元治元年《げんじがんねん》九月《がつ》二十五日《にち》、山口《やまぐち》では政事堂《せいじどう》に藩主《はんしゅ》をはじめ重臣《じゅうしん》、政務座《せいむざ》の者《もの》があつまり、急迫《きゅうはく》した事態《じたい》にどう対処《たいしょ》するかの君前会議《くんぜんかいぎ》がひらかれた。

幕府《ばくふ》に徹頭徹尾《てっとうてつび》謝罪《しゃざい》して危機《きき》をのがれるか、あるいは表面謝罪《ひょうめんしゃざい》して、ひそかに武備《ぶび》をととのえ、あくまで討幕《とうばく》の初志《しょし》を貫徹《かんてつ》するかを論議《ろんぎ》する重大《じゅうだい》な会議《かいぎ》だった。

藩主敬親《はんしゅたかちか》は、ひたすら幕府《ばくふ》に謝《あやま》って身《み》を守《まも》ろうとする「謝罪恭順《しゃざいきょうじゅん》」論《ろん》をしりぞけて、幕《ばく》府《ふ》に従《したが》うふりをしながら武装《ぶそう》して討幕《とうばく》の機会《きかい》を狙《ねら》う「武備恭順《ぶびきょうじゅん》」とし、あくまでも幕府《ばくふ》への対抗姿勢《たいこうしせい》をとる決定《けってい》をくだした。

ところがその夜《よる》、急進派《きゅうしんは》の井上聞多《いのうえもんた》が刺客《しかく》に襲《おそ》われ瀕死《ひんし》の重傷《じゅうしょう》を負《お》わされた。さらに重《じゅう》臣《しん》の周布政之助《すふまさのすけ》が、藩難《はんなん》をまねいた責任《せきにん》をとって自殺《じさつ》してしまった。

状況《じょうきょう》は一変《いっぺん》して、保守派《ほしゅは》の「俗論党《ぞくろんとう》」が実権《じっけん》をにぎることになったのである。

「俗論党《ぞくろんとう》の首魁《しゅかい》（悪事《あくじ》の中心人物《ちゅうしんじんぶつ》）」といわれた椋梨藤太《むくなしとうた》のもとに、およそ二千人《せんにん》にのぼる藩士《はんし》のほとんどが結集《けっしゅう》している。

この封建家臣団《ほうけんかしんだん》は、古《ふる》くからあたえられている特権身分《とっけんみぶん》にしがみついており、要《よう》するに藩《はん》と自分自身《じぶんじしん》の安泰《あんたい》だけを願《ねが》っている世禄《せいろく》（代々《だいだい》もらっている武士《ぶし》の給料《きゅうりょう》）のサムライたちだった。

高杉晋作《たかすぎしんさく》挙兵《きょへい》

藩全体《はんぜんたい》からみれば、急進派《きゅうしんは》は、ひとにぎりの人々《ひとびと》でしかないが、有能《ゆうのう》な人材《じんざい》をあつめている。

文久年間《ぶんきゅうねんかん》から藩政《はんせい》の実権《じっけん》をにぎってきた彼《かれ》らも、攘夷戦《じょういせん》の敗北《はいぼく》、京都追放《きょうとついほう》という失政《しっせい》を「俗論党《ぞくろんとう》」から衝《つ》かれて、やや苦境《くきょう》におちいっているのが現状《げんじょう》だった。俗論党《ぞくろんとう》による粛清《しゅくせい》がはじまり、急進派《きゅうしんは》は次々《つぎつぎ》と投獄《とうごく》されていった。

親《おや》を捨《す》て国《くに》を去《さ》って天涯《てんがい》に向《む》かう
必竟《ひっきょう》この心《こころ》、世《よ》知《し》るなし
いにしえより人間棺《にんげんひつぎ》を蓋《おお》うて定《さだ》まる
あに口舌《こうぜつ》を持《も》って朝議《ちょうぎ》を防《ふせ》がんや
東洋一狂生《とうよういちきょうせい》 高杉晋作《たかすぎしんさく》

親《おや》を捨《す》て、国《くに》を捨《す》てて遠《とお》いところに逃《に》げていく。
苦《くる》しいわたしの心《こころ》をだれも理解《りかい》してくれない。
むかしから人間《にんげん》の価値《かち》は
死《し》んでから定《さだ》まるというではないか。
いずれ行動《こうどう》で正義《せいぎ》をつらぬいてみせるぞ。

高杉《たかすぎ》はそのような「脱走吟《だっそうぎん》」をのこして福岡《ふくおか》に亡命《ぼうめい》するが、野村望東尼《のむらぼうとうに》の平尾山荘《ひらおさんそう》に潜伏《せんぷく》しているうちに、急進派《きゅうしんは》の処刑《しょけい》、さらに三人《にん》の家老《かろう》が幕府《ばくふ》への謝罪《しゃざい》のため切腹《せっぷく》させられたと知《し》って、急《いそ》ぎ下関《しものせき》に帰《かえ》ってきた。

決死《けっし》のクーデターを敢行《かんこう》するつもりである。

三人《にん》の家老《かろう》の首《くび》を征長総督《せいちょうそうとく》にさし出《だ》して謝罪《しゃざい》のしるしとし、征伐《せいばつ》をきりぬけたのは、征《せい》長総督参謀《ちょうそうとくさんぼう》・西郷吉之助《さいごうきちのすけ》の策略《さくりゃく》だった。すでに幕府離《ばくふばな》れしている薩摩《さつま》は、長州藩《ちょうしゅうはん》との武力《ぶりょく》抗争《こうそう》を避《さ》けようとしたのだ。

ことごとに長州《ちょうしゅう》の足《あし》をひっぱってきた薩摩《さつま》の行動《こうどう》もここまでである。独裁《どくさい》の腕《うで》をふるってきた島津久光《しまづひさみつ》の指導力《しどうりょく》が衰《おとろ》え、西郷吉之助《さいごうきちのすけ》(隆盛《たかもり》)、大久保一蔵《おおくぼいちぞう》(利通《としみち》)といった下級武士《かきゅうぶし》出身《しゅっしん》の有能《ゆうのう》な人材《じんざい》が頭《あたま》をもたげはじめたからである。

西郷《さいごう》らはすでに幕府《ばくふ》の先行《さきゆ》きに見《み》きりをつけていたのだ。このときに至《いた》って薩摩《さつま》は大転《だいてん》換《かん》をとげる。

幕軍《ばくぐん》は撤退《てったい》したが、幕府《ばくふ》はこのさい長州藩《ちょうしゅうはん》の解体《かいたい》をもくろんでいるようだった。三十六万《まん》九千石《せんごく》を十万石程度《まんごくていど》に減《へ》らして、藩主《はんしゅ》には徳川方《とくがわがた》のだれかを据《す》えるらしいという風説《ふうせつ》も流《なが》れてきている。藩内《はんない》は保守派《ほしゅは》「俗論派《ぞくろんは》」の台頭《たいとう》でこれまで積《つ》みあげてきた討幕運動《とうばくうんどう》に終《しゅう》止符《しふ》がうたれようとしていた。

高杉《たかすぎ》は決起《けっき》するしかないと判断《はんだん》して檄《げき》をとばしたが、時期尚早《じきしょうそう》として奇兵隊《きへいたい》までが同調《どうちょう》をしぶった。

十二月《がつ》十五日《にち》、高杉《たかすぎ》はわずか八十人《にん》ばかりの若者《わかもの》をひきいて決起《けっき》した。世《よ》にいう功山寺《こうざんじ》挙兵《きょへい》である。

やがて奇兵隊《きへいたい》をはじめ農民《のうみん》までが戦列《せんれつ》にくわわり、雪中《せっちゅう》での激闘《げきとう》を展開《てんかい》して「俗論軍《ぞくろんぐん》」を圧倒《あっとう》し、討幕《とうばく》の藩論《はんろん》を回復《かいふく》した。

ここで幕府《ばくふ》は第《だい》二次長州征伐《じちょうしゅうせいばつ》の勅許《ちょっきょ》を朝廷《ちょうてい》に願《ねが》い出《で》るのである。

年号《ねんごう》は慶応《けいおう》とあらたまる。慶応年間《けいおうねんかん》は実質《じっしつ》三年《ねん》だが、幕府《ばくふ》が倒《たお》れる寸前《すんぜん》の重大《じゅうだい》な政治状《せいじじょう》況《きょう》が集中《しゅうちゅう》したときである。

通訳官《つうやくかん》に昇進《しょうしん》

慶応元《けいおうがん》(一八六五)年閏《ねんうるう》五月《がつ》、オルコックのあと、サー・ハリー・スミス・パークスが新《あたら》しいイギリス公使《こうし》として赴任《ふにん》してきた。

オルコックは独断《どくだん》による下関攻撃《しものせきこうげき》の責任《せきにん》を問《と》われて、駐日公使《ちゅうにちこうし》を解任《かいにん》され、本国《ほんごく》に召還《しょうかん》された。しかし彼《かれ》は国会《こっかい》で熱弁《ねつべん》をふるい、なぜ下関《しものせき》を攻撃《こうげき》しなければならなかったかを説明《せつめい》した。

長州藩《ちょうしゅうはん》の関門海峡封鎖《かんもんかいきょうふうさ》による長崎《ながさき》の日英貿易衰退《にちえいぼうえきすいたい》、また長州藩《ちょうしゅうはん》の攘夷主義《じょういしゅぎ》を放棄《ほうき》させる、つまりイギリスの国益《こくえき》を守《まも》るためのやむを得《え》ない行動《こうどう》だったとわかって、オルコックは、にわかに英雄的《えいゆうてき》な称賛《しょうさん》をあびた。

無法《むほう》と責《せ》めていても国益《こくえき》のためといわれれば、合法《ごうほう》と認《みと》めるのが紳士《しんし》の国《くに》の正体《しょうたい》だ。オルコックはあらためて清国公使《しんこくこうし》に昇進《しょうしん》し、北京《ペキン》に赴任《ふにん》した。清国公使《しんこくこうし》が日本公使《にほんこうし》より格《かく》が高《たか》いのである。

新任《しんにん》のパークス公使《こうし》は三十七歳《さい》、最年少《さいねんしょう》の在日外国使臣《ざいにちがいこくししん》として、これから十八年間《ねんかん》を駐日《ちゅうにち》イギリス公使《こうし》として、敏腕《びんわん》をふるうことになる。

通訳官《つうやくかん》のサトウとは、かならずしも考え方《かんがかた》が一致《いっち》しなかったが、それでもサトウの意見《いけん》にはよく耳《みみ》をかたむけたので、ふたりはコンビを組《く》んで活躍《かつやく》した。

その年《とし》六月《がつ》、サトウは通訳生《つうやくせい》から通訳官《つうやくかん》に昇進《しょうしん》した。

それで年俸《ねんぽう》二百《ひゃく》ポンドから四百《ひゃく》ポンドに昇給《しょうきゅう》した。そのころの日本《にほん》の貨幣《かへい》に換算《かんさん》すると、四百《ひゃく》ポンドは、およそ百両《ひゃくりょう》にあたる。

これを現代《げんだい》にあてはめると、計算《けいさん》の仕方《しかた》にもよるが年収《ねんしゅう》およそ一千万円《せんまんえん》というところだ。見習期間《みならいきかん》を終《お》えたばかり二十二歳《さい》の通訳官《つうやくかん》なら妥当《だとう》というところだろう。

ちなみに公使《こうし》の年俸《ねんぽう》は二千《せん》ポンドである。

サトウは年若《としわか》い通訳官《つうやくかん》としては、めざましいはたらきぶりで、パークス公使《こうし》の信任《しんにん》を得《え》た。

連合艦隊《れんごうかんたい》の下関《しものせきこうげき》攻撃では講和談判《こうわだんぱん》の通訳《つうやく》をつとめ、長州藩《ちょうしゅうはん》で重要《じゅうよう》な活動《かつどう》をしている藩士《はんし》の井上聞多《いのうえもんた》（のちの大蔵卿《おおくらきょう》・外務卿《がいむきょう》の井上馨《いのうえかおる》）や、伊藤俊輔《いとうしゅんすけ》（初代総理大臣《しょだいそうりだいじん》・伊藤博文《いとうひろぶみ》）らとの交友《こうゆう》を深《ふか》め、そのほか大勢《おおぜい》の人《ひと》と知《し》りあった。

なによりもサトウは、在日《ざいにち》の外国人《がいこくじん》のなかでは最高《さいこう》の日本通《にほんつう》として有名《ゆうめい》になっている。

会話《かいわ》はもちろん、毛筆《もうひつ》で巻紙《まきがみ》に書《か》く書簡《しょかん》では、日本人顔負《にほんじんかおま》けの達筆《たっぴつ》だ。

それだけではない。サトウは、すこしまえから日本《にほん》という国《くに》に対《たい》するひとつの意見《いけん》を胸中《きょうちゅう》に育《そだ》てていた。想像《そうぞう》される日本《にほん》の未来像《みらいぞう》であり、かくあるべきだという日本《にほん》の国家像《こっかぞう》であった。

サトウは幕府《ばくふ》というものは、日本《にほん》の国政《こくせい》をになう資格《しかく》をうしなった過去《かこ》の亡霊《ぼうれい》のような架空《かくう》の政権《せいけん》でしかないと思《おも》っていた。イギリス外交官《がいこうかん》として、そんな日本《にほん》を近代国家《きんだいこっか》にみちびくために、なにをすべきかということを考《かんが》えていた。

しかしパークス公使《こうし》をさしおいて、僭越《せんえつ》なことはいえないので、それは心《こころ》に秘《ひ》めておくしかない。やがてしかるべき地位《ちい》についてからのことと思《おも》っていたが、その機会《きかい》は意外《いがい》にはやくめぐってきた。

薩長軍事同盟《さっちょうぐんじどうめい》の密約成《みっやくな》る

土佐《とさ》の浪人《ろうにん》・坂本竜馬《さかもとりょうま》らの薩長和解工作《さっちょうわかいこうさく》によって、犬猿《けんえん》の仲《なか》だった薩摩《さつま》と長州《ちょうしゅう》がようやく接近《せっきん》をはじめた。この二大雄藩《にだいゆうはん》が提携《ていけい》することによって、大勢《たいせい》は討幕《とうばく》にむかって確定《かくてい》するのである。

竜馬《りょうま》は、まず九州《きゅうしゅう》の太宰府《だざいふ》にいる三条実美《さんじょうさねとみ》ら五卿《ごきょう》に会《あ》い、薩長和解《さっちょうわかい》の了解《りょうかい》をとりつけることにした。長州藩《ちょうしゅうはん》や薩摩《さつま》を賛成《さんせい》させるには、この公家《くげ》たちをひきこむ必要《ひつよう》があると竜馬《りょうま》は考《かんが》えた。根回《ねまわ》しである。こういうことは事前《じぜん》の工作《こうさく》がたいせつと考《かんが》えたのだ。いきなり西郷《さいごう》に会《あ》って、「長州《ちょうしゅう》と仲良《なかよ》くしろ」といったり、桂小五郎《かつらこごろう》に直接《ちょくせつ》「薩摩《さつま》と手《て》をにぎれ」といっても、簡単《かんたん》に話《はなし》はまとまらない。

三条実美《さんじょうさねとみ》は勤王派《きんのうは》の偉《えら》い公家《くげ》さんだから、西郷《さいごう》も桂《かつら》も三条卿《さんじょうきょう》のいうことには素直《すなお》に耳《みみ》をかたむけるにちがいない。ここが坂本竜馬《さかもとりょうま》の巧妙《こうみょう》で慎重《しんちょう》なやり方《かた》である。

長州藩《ちょうしゅうはん》と同様《どうよう》、薩摩《さつま》と会津《あいづ》によって京都《きょうと》を追《お》われた五卿《ごきょう》たちは、案《あん》の定《じょう》すぐには首《くび》をたてにふらなかった。竜馬《りょうま》はあきらめない。熱弁《ねつべん》をふるって五卿《ごきょう》を説《と》きふせるのに一昼夜《いっちゅうや》かかった。ようやく竜馬《りょうま》の熱意《ねつい》にほだされた五卿《ごきょう》は正論《せいろん》（時局《じきょく》に対《たい》する正《ただ》しい理論《りろん》）としての薩長連合《さっちょうれんごう》に賛成《さんせい》する。

話《はなし》がまとまるまでには、なお困難《こんなん》な問題《もんだい》があったが、竜馬《りょうま》は幕府《ばくふ》と戦《たたか》うための小銃《しょうじゅう》をほしがっている長州《ちょうしゅう》のために薩摩《さつま》を仲介《ちゅうかい》として、長崎《ながさき》のイギリス商人《しょうにん》グラバーから三千挺《ぜんちょう》を世話《せわ》したりした。急速《きゅうそく》に薩長両藩《さっちょうりょうはん》を近《ちか》づけ、ついに京都《きょうと》での西郷《さいごう》と桂《かつら》の会見《かいけん》にまで、こぎつけたのである。

終始《しゅうし》ライバルとして長州藩《ちょうしゅうはん》のまえに立《た》ちはだかった薩摩藩《さつまはん》は、慶応《けいおう》二年《ねん》というぎりぎりのときになって、討幕《とうばく》の陣営《じんえい》に移《うつ》ってきた。はやいかわり身《み》と、その政治力《せいじりょく》は長州人《ちょうしゅうじん》をはるかにしのぐものだが、やはり薩摩《さつま》なくしては維新事業《いしんじぎょう》の成功《せいこう》はなかっただろう。

長州《ちょうしゅう》の一行《いっこう》——桂小五郎《かつらこごろう》・三好軍太郎《みよしぐんたろう》・品川弥二郎《しながわやじろう》——が京都薩摩藩邸《きょうとさつまはんてい》にはいったのは、年《とし》が明《あ》けて慶応《けいおう》二（一八六六）年《ねん》一月八日《がつようか》である。

坂本竜馬《さかもとりょうま》もかけつけて、むずかしい雰囲気《ふんいき》もなごみ、たがいに腹《はら》をわっての話《はな》し合《あ》いが進《すす》んだ。

「幕長戦《ばくちょうせん》が開始《かいし》されれば、薩摩《さつま》は幕府《ばくふ》に対抗《たいこう》し得《う》る兵力《へいりょく》を京都周辺《きょうとしゅうへん》に配置《はいち》し、朝廷《ちょうてい》に対《たい》して長州藩《ちょうしゅうはん》のために周旋《しゅうせん》（あいだに立つ）する。われわれの行《ゆ》く手《て》を遮《さえぎ》る者《もの》とは武力《ぶりょく》で対決《たいけつ》しよう。薩長《さっちょう》たがいに誠心協力《せいしんきょうりょく》することを約《やく》す」という薩長同盟《さっちょうどうめい》の密約《みっやく》が成立《せいりつ》したのは、一月《がつ》二十二日《にち》の夕刻近《ゆうこくちか》いころだった。

この薩長秘密軍事同盟《さっちょうひみつぐんじどうめい》が成立《せいりつ》したころ、幕府《ばくふ》は長州征伐《ちょうしゅうせいばつ》の準備《じゅんび》を急《いそ》ぎ、五カ月後《げつご》の慶応《けいおう》二年《ねん》六月《がつ》、長州《ちょうしゅう》の四《よっ》つの国境《こっきょう》から攻撃《こうげき》を開始《かいし》するのである。この戦争《せんそう》に薩摩《さつま》は参加《さんか》していない。

薩摩《さつま》は長州藩《ちょうしゅうはん》が幕軍《ばくぐん》を相手《あいて》にどう戦《たたか》うか、その成《な》り行《ゆ》きを静《しず》かに見守《みまも》ろうというのである。もし長州軍《ちょうしゅうぐん》が負《ま》ければ、政局《せいきょく》は大《おお》きく後退《こうたい》するので、そのときは薩摩《さつま》としての進路《しんろ》を別《べっ》に考《かんが》えようというのも薩摩《さつま》らしい巧妙《こうみょう》な政治力《せいじりょく》である。

慶応《けいおう》二（一八六六）年《ねん》六月七日《がつなのか》、ついに幕府《ばくふ》は長州攻撃《ちょうしゅうこうげき》の火《ひ》ぶたをきった。

幕府《ばくふ》の作戦《さくせん》は、海《うみ》からの大島口《おおしまぐち》、広島《ひろしま》からの芸州口《げいしゅうぐち》、浜田《はまだ》・津和野《つわの》からの石州口《せきしゅうぐち》、そして小倉《こくら》からの九州口《きゅうしゅうぐち》と四方面《しほうめん》に幕軍《ばくぐん》を集結《しゅうけつ》して長州《ちょうしゅう》を包囲《ほうい》し、一挙《いっきょ》に攻《せ》めこもうというものだった。

海陸《かいりく》の国境《こっきょう》四カ所《しょ》で戦《たたか》ったので、長州《ちょうしゅう》ではこれを「四境戦争《しきょうせんそう》」と呼《よ》ぶ。

高杉晋作《たかすぎしんさく》は海軍総督《かいぐんそうとく》に任《にん》じられ、下関《しものせき》にいた。

七日《なのか》、幕府《ばくふ》の軍艦《ぐんかん》が大島郡《おおしまぐん》を砲撃《ほうげき》し、松山藩兵《まつやまはんぺい》が全島《ぜんとう》を占領《せんりょう》してしまった。

高杉《たかすぎ》はただちに軍艦丙寅丸《ぐんかんへいいんまる》に乗《の》り、大島郡《おおしまぐん》にむかう。この丙寅丸《へいいんまる》は彼《かれ》が長崎《ながさき》から独断《どくだん》で買《か》ってきた、まさにその船《ふね》である。

大島沖《おおしまおき》に停泊《ていはく》していた幕艦《ばくかん》のあいだに、丙寅丸《へいいんまる》を突《つ》っこませ、自在《じざい》に走《はし》りまわりながら、砲撃《ほうげき》をくわえた。

陸上《りくじょう》にいた幕兵《ばくへい》も長州《ちょうしゅう》の海軍《かいぐん》が来襲《らいしゅう》したというので大混乱《だいこんらん》におちいった。大暴《おおあば》れに大砲《たいほう》を撃《う》ちつくして、丙寅丸《へいいんまる》がひきあげたあと、勢《いきお》いづいた長州《ちょうしゅう》の第《だい》二奇《き》兵隊《へいたい》が島《しま》に上陸《じょうりく》し、幕軍《ばくぐん》を撃退《げきたい》して大島口《おおしまぐち》の戦《たたか》いは終《お》わる。

前後《ぜんご》して芸州口《げいしゅうぐち》、石州口《せきしゅうぐち》でも戦闘《せんとう》がはじまった。

世禄《せいろく》の武士《ぶし》団《だん》で編成《へんせい》した干城隊《かんじょうたい》千人《せんにん》をひきいた大村益二《おおむらますじ》郎《ろう》は、長州《ちょうしゅう》に友好的《ゆうこうてき》な津和野《つわの》藩領《はんりょう》を通《とお》りぬけ、浜田《はまだ》藩領《はんりょう》に攻《せ》めこみ、巧妙《こうみょう》な戦術《せんじゅつ》で紀州《きしゅう》・浜田《はまだ》両藩兵《りょうはんぺい》を撃破《げきは》した。

芸州口《げいしゅうぐち》では岩国藩兵《いわくにはんぺい》と遊撃隊《ゆうげきたい》が、国境《こっきょう》の小瀬川《おぜがわ》をはさんで彦根《ひこね》藩兵《はんぺい》を主力《しゅりょく》とする幕軍《ばくぐん》と対峙《たいじ》した。

先制攻撃《せんせいこうげき》をかけて広島藩領《ひろしまはんりょう》に追《お》いこみ激戦《げきせん》をくりかえしたが、中立的《ちゅうりつてき》な態度《たいど》をとる広島《ひろしま》藩兵《はんぺい》が両軍《りょうぐん》の戦線《せんせん》を遮断《しゃだん》して戦《たたか》いは終《お》わった。

最後《さいご》に九州口《きゅうしゅうぐち》は高杉《たかすぎ》が海陸軍参謀《かいりくぐんさんぼう》を命《めい》じられて指揮《しき》にあたる。

九州口《きゅうしゅうぐち》には屈強《くっきょう》の熊本兵《くまもとへい》が幕命《ばくめい》により援軍《えんぐん》をさしむけ、また久留米《くるめ》・唐津藩《からつはん》からもやってきて、小倉兵《こくらへい》と併《あわ》せその兵力《へいりょく》は二万《まん》といわれた。

これに対《たい》して、長州側《ちょうしゅうがわ》の戦闘員《せんとういん》は千人《せんにん》である。

長州勢《ちょうしゅうぜい》は奇兵隊《きへいたい》と報国隊《ほうこくたい》が主戦力《しゅせんりょく》で、総指揮《そうしき》は清末藩主《きよすえはんしゅ》ということだったが、実質的《じっしつてき》には、高杉《たかすぎ》が全面的《ぜんめんてき》に作戦《さくせん》を指揮《しき》した。

九州口《きゅうしゅうぐち》の戦《たたか》いは小倉戦争《こくらせんそう》とも呼《よ》ぶ。それほど大規模《だいきぼ》な戦闘《せんとう》だった。

六月《がつ》十七日《にち》の明《あ》け方《がた》に長州軍《ちょうしゅうぐん》が小倉藩領《こくらはんりょう》の田野浦《たのうら》に上陸《じょうりく》してから、翌慶応《よくけいおう》三年《ねん》一月《がつ》、小《こ》倉藩《くらはん》の請《こ》いによって和議《わぎ》が成立《せいりつ》するまでの約《やく》七カ月《げつ》にわたる長期《ちょうき》の戦《たたか》いだった。

これは征長戦中《せいちょうせんちゅう》でも最大《さいだい》の激戦《げきせん》であっただけでなく、この勝利《しょうり》によって幕末《ばくまつ》の情況《じょうきょう》が決《けっ》定《てい》づけられたといってもよい。

そして高杉晋作《たかすぎしんさく》が病死《びょうし》する直前《ちょくぜん》、のこされた精魂《せいこん》をふりそそぎ、見事《みごと》な名将《めいしょう》ぶりを発揮《はっき》した彼《かれ》の最後《さいご》の舞台《ぶたい》でもあった。

この戦争《せんそう》のあいだ、高杉《たかすぎ》はしばしば発熱《はつねつ》して、会議《かいぎ》は病床《びょうしょう》の枕元《まくらもと》でおこなわれたが、彼《かれ》がたてた作戦《さくせん》どおりに戦闘《せんとう》は展開《てんかい》された。

八月一日《がっついたち》、小倉城《こくらじょう》が炎上《えんじょう》し、それを見《み》て安心《あんしん》したせいか、喀血《かっけつ》してついに起《お》きあがれなくなった。

あの連合艦隊《れんごうかんたい》との講和談判《こうわだんぱん》でユーリアラス号《ごう》の甲板《かんぱん》で待《ま》つサトウらのまえに「悪魔《あくま》」のような顔《かお》であらわれた長州《ちょうしゅう》の暴《あば》れもの高杉晋作《たかすぎしんさく》は、戦《たたか》いの人生《じんせい》に全精力《ぜんせいりょく》をそそぎ尽《つ》くして、翌慶応《よくけいおう》三（一八六七）年《ねん》四月《がつ》十四日未明《かみめい》、満《まん》二十七年《ねん》八カ月《げつ》の生涯《しょうがい》を、下関《しものせき》の商人《しょうにん》林算九郎《はやしさんくろう》邸《てい》で閉《と》じた。

第《だい》二次長州征伐《じちょうしゅうせいばつ》の失敗《しっぱい》は一挙《いっきょ》に幕府《ばくふ》の衰亡《すいぼう》をうながした。

その後《ご》、薩摩《さつま》からは五代才助《ごだいさいすけ》（友厚《ともあつ》）が竜馬《りょうま》とともに長州藩《ちょうしゅうはん》との折衝《せっしょう》にあたり、蒸気船《じょうきせん》、施条砲《せじょうほう》、弾薬《だんやく》など大量《たいりょう》の武器《ぶき》を長州《ちょうしゅう》に持《も》ちこんできた。

かつてのライバルは同盟国《どうめいこく》としての交流《こうりゅう》を深《ふか》め、たがいに力《ちから》を鼓舞《こぶ》してきたるべき日《ひ》にそなえたのである。

第四章
英国策論

世《よ》直《なお》し一揆《いっき》の火《ひ》

わたし、アーネスト・サトウの目《め》に、
日本《にほん》の国《くに》は断末魔《だんまつま》の様相《ようそう》を見《み》せていました。
それは日本国《にほんこく》というより、
徳川幕府《とくがわばくふ》の末期症状《まっきしょうじょう》なのでした。
このころ国内《こくない》では「世直《よなお》し一揆《いっき》」が、
いたるところで爆発《ばくはつ》していました。
高《たか》い年貢《ねんぐ》のとりたて、高利貸《こうりが》しなどに苦《くる》しめられ、
追《お》いつめられた農民《のうみん》が要求《ようきゅう》をかかげて、

豪商《ごうしょう》、豪農《ごうのう》の家《いえ》を打《う》ち壊《こわ》す世直《よなお》し一揆《いっき》は、
以前《いぜん》からあったそうですが、
幕府《ばくふ》の長州征伐戦争《ちょうしゅうせいばつせんそう》がはじまった慶応《けいおう》二年《ねん》ごろから、
いちだんと盛《さか》んになりました。
幕命《ばくめい》をうけた大名《だいみょう》たちにとって
戦争《せんそう》のための出費《しゅっぴ》がふえたため、
農民《のうみん》にしわよせがいったこととも関係《かんけい》があります。
幕府《ばくふ》は自分《じぶん》の首《くび》をしめるようなことばかりやっていたのです。
不合理《ふごうり》な封建制度《ほうけんせいど》をやめてしまえという民衆《みんしゅう》の怒《いか》りが、
「世直《よなお》し」という言葉《ことば》にふくまれているのでした。

そんな世直《よなお》し一揆《いっき》が吹《ふ》き荒《あ》れているころの

慶応《けいおう》二年《ねん》十一月《がつ》二十六日《にち》、
日本《にほん》の暦《こよみ》では十二月《がつ》二十日《はつか》のことでした。
わたしたちが住《す》んでいる横浜《よこはま》が大火事《おおかじ》に見舞《みま》われたのです。
火《ひ》は師走《しわす》の空《から》っ風《かぜ》にあおられて、
居留地《きょりゅうち》は、またたくまに炎《ほのお》につつまれ、
わたしたち外国人《がいこくじん》百《ひゃく》七十人《にん》が焼《や》け出《だ》されました。
衣類《いるい》や家財道具《かざいどうぐ》は家《いえ》のなかから表《おもて》の道《みち》に持《も》ち出《だ》したのですが、
ほとんど火事場《かじば》泥棒《どろぼう》に盗《ぬす》まれてしまいました。
わたしが石橋政方《いしばしまさかた》とともに編纂《へんさん》していた英和辞書《えいわじしょ》の原稿《げんこう》と、
印刷中《いんさつちゅう》だったオルコック卿《きょう》の
『日本語《にほんご》会話書《かいわしょ》』の注釈版《ちゅうしゃくばん》の原稿《げんこう》は、
かろうじてすくい出《だ》すことができました。

何年間《なんねんかん》かの努力《どりょく》が水《みず》の泡《あわ》になるところでした。
でも残念《ざんねん》でならないのは、
長崎《ながさき》からつれてきた愛犬《あいけん》スカイ・テリアのパンチが、
騒《さわ》ぎにまぎれて見《み》つからず、
すくい出《だ》せなかったことです。
火事場《かじば》泥棒《どろぼう》が盗《ぬす》んでくれたことを祈《いの》りましたが、
焼《や》け跡《あと》から哀《あわ》れなすがたがあらわれたとき、
わたしは泣《な》きました。
幕府《ばくふ》の政治《せいじ》が最後《さいご》のあがきのように荒《あ》れ狂《くる》っているころ、
かわいいパンチは炎《ほのお》にのみこまれたのでした。
世直《よなお》し一揆《いっき》の人々《ひとびと》の怒《いか》りのように、
火《ひ》は四時間《よじかん》、燃《も》えつづけました。

将軍《しょうぐん》 慶喜《よしのぶ》

第二次長州征伐《だいじちょうしゅうせいばつ》の幕軍数万《ばくぐんすうまん》が、必死《ひっし》に抵抗《ていこう》する長州軍《ちょうしゅうぐん》をもてあまし敗色濃厚《はいしょくのうこう》となった慶応《けいおう》二(一八六六)年《ねん》七月二十日《がつはつか》、将軍家茂《しょうぐんいえもち》が大坂《おおさか》で病死《びょうし》した。

ここで十五代将軍《だいしょうぐん》の候補《こうほ》に適当《てきとう》と思《おも》われる人物《じんぶつ》は慶喜《よしのぶ》をおいてほかになかった。慶喜《よしのぶ》は水戸《みと》の徳川家《とくがわけ》(水戸藩《みとはん》)から一橋家《ひとつばしけ》の養子《ようし》にはいった人《ひと》である。水戸藩《みとはん》は有名《ゆうめい》な水戸黄門《みとこうもん》(水戸光圀《みとみつくに》)の尊王精神《そんのうせいしん》を伝統《でんとう》としてうけ継《つ》ぐ家柄《いえがら》で、家臣《かしん》から尊攘派《そんじょうは》のサムライを多《おお》く出《だ》している。

主家《しゅけ》に迷惑《めいわく》をかけないために浪人《ろうにん》となり尊攘活動《そんじょうかつどう》をした彼《かれ》らは、外国人殺傷事件《がいこくじんさっしょうじけん》もしばしば起《お》こしている。

ただ彼《かれ》らの尊攘運動《そんじょううんどう》が「討幕《とうばく》」に行《い》きつくと、とたんにエネルギーが消滅《しょうめつ》するのは水戸《みと》家《け》が徳川御三家《とくがわごさんけ》のひとつであるという宿命《しゅくめい》を背負《せお》っていたからである。

朝廷《ちょうてい》に熱《あつ》いまなざしを送《おく》る水戸《みと》家出身《けしゅっしん》の一橋慶喜《ひとつばしよしのぶ》が、将軍《しょうぐん》になることに、屈折《くっせつ》した視線《しせん》をむけている幕府《ばくふ》の老中《ろうじゅう》にしても、人材払底《じんざいふってい》ではこのさいやむなしと肚《はら》をきめていた。だが慶喜《よしのぶ》は、「将軍《しょうぐん》などにはならない」と固辞《こじ》した。幕府《ばくふ》の屋台骨《やたいぼね》がゆらぎはじめたいまになっては、まっぴらだといった気持《きも》ちだったろう。

その年《とし》一月《がつ》には薩長《さっちょう》の秘密軍事同盟《ひみつぐんじどうめい》が成立《せいりつ》していた。大勢《たいせい》はこれで決《き》まったようなものだった。

慶喜《よしのぶ》はまだ薩長連合《さっちょうれんごう》のことを知《し》らなかったが、薩長両藩《さっちょうりょうはん》がにおわせる不穏《ふおん》な空気《くうき》は気《き》づいていた。第《だい》一次征長戦《じせいちょうせん》のときは幕軍《ばくぐん》の主力《しゅりょく》となってはたらいた薩摩《さつま》が、第《だい》二次《じ》では出兵《しゅっぺい》の幕命《ばくめい》を拒否《きょひ》しているのでも明《あき》らかだった。

薩摩《さつま》にかぎらずこの第《だい》二次征長戦《じせいちょうせん》は「長州討伐《ちょうしゅうとうばつ》の名分《めいぶん》が希薄《きはく》だ」として、出兵《しゅっぺい》をしぶる諸侯《しょこう》もあり、戦意《せんい》が盛《も》りあがっていない。すでに六月《がつ》からはじまった征長戦《せいちょうせん》の敗色《はいしょく》も伝《つた》わってきている。

先行《さきゆ》きのあやしいこんなとき、色《いろ》あせた、のこりクジのような将軍《しょうぐん》の座《ざ》などほしくもなかった。最後《さいご》の幕引《まくひ》きの役《やく》をおしつけられるのはまっぴらだと、慶喜《よしのぶ》は強情《ごうじょう》に拒絶《きょぜつ》しつづけた。

結局《けっきょく》、徳川家《とくがわけ》の親戚《しんせき》にあたる越前藩主《えちぜんはんしゅ》・松平春嶽《まつだいらしゅんがく》らの強引《ごういん》な慫慂《しょうよう》（さそい勧《すす》める）に負《ま》けて将軍《しょうぐん》の座《ざ》についた。

アーネスト・サトウはそうした幕府《ばくふ》の事情《じじょう》をちゃんとつかんでおり、これから先《さき》どうなるのだろうと、強《つよ》い興味《きょうみ》を覚《おぼ》えながら政局《せいきょく》の変化《へんか》に注意《ちゅうい》していた。

ジャパン・タイムズ

サトウは、旅行《りょこう》が好《す》きだった。日本《にほん》の観光名所《かんこうめいしょ》から、村《むら》や町《まち》や自然《しぜん》を愛《あい》した。甲州《こうしゅう》・新潟《にいがた》・奈良《なら》・京都《きょうと》はじめ、ずいぶんあちこちを旅《たび》している。

サトウはよくイギリス海兵隊《かいへいたい》の退役将校《たいえきしょうこう》ホウズと旅《たび》をした。彼《かれ》との共編《きょうへん》で横浜《よこはま》のケリー商会《しょうかい》から出版《しゅっぱん》した『中部《ちゅうぶ》・北陸日本旅行案内《ほくりくにほんりょこうあんない》』は本格的《ほんかくてき》なガイドブックである。

箱根《はこね》、熱海《あたみ》、小田原周遊《おだわらしゅうゆう》

埼玉旅行《さいたまりょこう》

横須賀《よこすか》の三浦按針《みうらあんじん》の墓訪問《はかほうもん》

鎌倉《かまくら》、江《え》ノ島散策《しまさんさく》

西国旅行《さいごくりょこう》（神戸《こうべ》・下関《しものせき》・山口《やまぐち》・四国《しこく》・宮島《みやじま》・尾道《おのみち》その他《た》）

西南戦争前夜《せいなんせんそうぜんや》の鹿児島視察《かごしましさつ》

北関東山歩《きたかんとうやまある》き
八丈島《はちじょうじま》　訪問《ほうもん》
越中《えっちゅう》、飛騨《ひだ》旅行《りょこう》……

横浜開港資料館編《よこはまかいこうしりょうかんへん》『図説《ずせつ》アーネスト・サトウ』が「サトウのおもな国内旅行《こくないりょこう》」であげているリストを見《み》ると、遠近《えんきん》三十四項目《こうもく》にわたっている。

著作《ちょさく》にもめざましいものがあって、日本語教師《にほんごきょうし》・石橋政方《いしばしまさかた》と協力《きょうりょく》してつくった『英和口語辞典《えいわこうごじてん》』は、口語《こうご》としては、日本最初《にほんさいしょ》の英和辞典《えいわじてん》だった。日本古典《にほんこてん》の英訳《えいやく》も手《て》がけている。『絵本太閤記《えほんたいこうき》』、頼山陽《らいさんよう》『日本外史《にほんがいし》』の抄訳《しょうやく》（一部分《いちぶぶん》を訳《やく》す）などである。

サトウの著作《ちょさく》としてまっさきにあげなければならないのは、やはり『英国策論《えいこくさくろん》』であろう。はじめ匿名《とくめい》で新聞《しんぶん》に書《か》いたものだが、これを書《か》くようになったきっかけも旅行《りょこう》からである。

彼《かれ》は横浜《よこはま》の英字新聞《えいじしんぶん》「ジャパン・タイムス」（明治《めいじ》三十年《ねん》、山田季治《やまだすえはる》が横浜《よこはま》で創刊《そうかん》した同名《どうめい》の新聞《しんぶん》とは別《べつ》）の主宰《しゅさい》リッカービーともよくいっしょに旅《たび》をした。あるとき、リッカービーは、自分《じぶん》の新聞《しんぶん》になにか書《か》いてみないかとサトウをさそった。

ひきうけて最初《さいしょ》のころは日本国内《にほんこくない》の旅行記《りょこうき》など書《か》いていたが、そのうち政治《せいじ》を論《ろん》じてみたいと思《おも》うようになった。ほとんどおさえがたい欲求《よっきゅう》だった。

その論文《ろんぶん》は、産物《さんぶつ》を積《つ》んだ薩摩《さつま》の船《ふね》が横浜港《よこはまこう》にはいるのを幕府《ばくふ》が許《ゆる》さないという不合理《ふごうり》なやり方《かた》を批判《ひはん》することから書《か》き出《だ》しているが、ついに日本《にほん》の革命《かくめい》をうながすほどの、きわどい激論《げきろん》となったのである。

しかしイギリス公使館《こうしかん》付《づ》き通訳官《つうやくかん》として、公然《こうぜん》と幕府《ばくふ》を批判《ひはん》する政治論文《せいじろんぶん》を公表《こうひょう》するのは、むろん服務規定《ふくむきてい》に反《はん》する行為《こうい》である。匿名《とくめい》にしてもいずれは、ばれて問題《もんだい》になるかもしれない。

「そんなことは、どうでもよい」

と、サトウは思《おも》った。これを発表《はっぴょう》せずにいられようかと思《おも》った。

サトウの原稿《げんこう》は、無題《むだい》・無署名《むしょめい》で慶応《けいおう》二年《ねん》二月《がつ》に（西暦《せいれき》一八六六年《ねん》三月《がつ》十六日《にち》から五月《がつ》十九日《にち》にかけて三回《かい》）「ジャパン・タイムス」に分載《ぶんさい》された。

イギリス人《じん》のあいだでは「だれか知《し》らぬが、よく思《おも》いきったことを書《か》いたものだ」と評判《ひょうばん》になったが、英字新聞《えいじしんぶん》なので日本人《にほんじん》でそれを読《よ》める人《ひと》はほとんどいない。

サトウは将軍《しょうぐん》や幕府《ばくふ》の老中《ろうじゅう》にこそ、そしてとくに薩摩《さつま》、長州《ちょうしゅう》をはじめ日本人《にほんじん》のすべてに読《よ》ませたいと思《おも》った。

英文《えいぶん》の原稿《げんこう》を和訳《わやく》することにして、正確《せいかく》を期《き》するため知《し》り合《あ》いの徳島藩《とくしまはん》の家臣《かしん》・沼田寅《ぬまたとら》三郎《さぶろう》に協力《きょうりょく》を頼《たの》んだ。

やはり題《だい》をつけることにして、沼田《ぬまた》は『策論《さくろん》』がよかろうという。たしかにそれは内容《ないよう》にふさわしい題《だい》だった。

できあがった『策論《さくろん》』は、約《やく》六千字《せんじ》にのぼる論文《ろんぶん》だった。沼田《ぬまた》はそれを藩主《はんしゅ》の蜂須賀茂《はちすかもち》韶《あき》に見《み》せたいという。サトウは了承《りょうしょう》した。茂韶《もちあき》はおどろいたがひどく感心《かんしん》し、共感《きょうかん》して、ひそかに写本《しゃほん》をつくり親《した》しい大名《だいみょう》に送《おく》った。それが回覧《かいらん》され、しだいに流布《るふ》されていく。

やがてそれを印刷《いんさつ》したものが大坂《おおさか》・京都《きょうと》の書店《しょてん》で売《う》りに出《だ》されるということになってしまった。しかも著者《ちょしゃ》が「英国士官《えいこくしかん》サトウ著《ちょ》」となっているのも、自然《しぜん》な成《な》り行《ゆ》きだろう。

サトウのその論文《ろんぶん》は、English《イングリッシュ》 Policy《ポリシイ》と呼《よ》ばれ、英国人《えいこくじん》サトウの『英国政策論《えいこくせいさくろん》』というのを、略《りゃく》して『英国策論《えいこくさくろん》』と、ちょっと意味不明《いみふめい》な題《だい》になってひろく読《よ》まれ、サトウの名《な》が知《し》られるようになった。サトウを「佐藤《さとう》」と読《よ》んで、どこかの日本人《にほんじん》が書《か》いたのだと思《おも》う人《ひと》もいた。

パークス公使《こうし》も『英国策論《えいこくさくろん》』は読《よ》んでいるはずだった。彼《かれ》は短気《たんき》でよく大声《おおごえ》でどなりつけたりしたが、これについては一言《ひとこと》もサトウにいわなかった。黙認《もくにん》しているばかりか、内《ない》容《よう》にはおおいに共感《きょうかん》していたので、それが日本《にほん》に対《たい》するイギリスの立場《たちば》であるようなかたちとなった。

English《イングリツシユ》 Policy《ポリシイ》

サトウが書《か》いた『英国策論《えいこくさくろん》』は、まず薩摩船《さつません》の積荷《つみに》を、幕府《ばくふ》が横浜《よこはま》に降《お》ろさせないことで、日本商人《にほんしょうにん》がイギリス公使館《こうしかん》に不満《ふまん》を訴《うった》えてきたことをとりあげている。

「(薩摩船《さつません》は)日本産物《にほんさんぶつ》ヲ外国商人《がいこくしょうにん》へ売《う》リ払《はら》フコトヲ願《ねが》ヘリ。然《しか》ルニ当港官吏《とうこうかんり》、ソノ艦長及《かんちょうおよ》ビ水夫《すいふ》ノ上陸及《じょうりくおよ》ビ売《う》リ払《はら》ヒ一切《いっさい》ヲ許容《きょよう》……」

幕府《ばくふ》を激《はげ》しく批判《ひはん》し、やがて薩長両藩《さっちょうりょうはん》をけしかける過激《かげき》な『策論《さくろん》』となるが、そんな文《ぶん》面《めん》だから、口語文《こうごぶん》にして、すこし長《なが》くなるが要約《ようやく》してみよう。

国内物資《こくないぶっし》を横浜港《よこはまこう》に荷揚《にあ》げさせないのは、地方《ちほう》の大名《だいみょう》が自由《じゆう》に外国人《がいこくじん》と取引《とりひ》きするのを幕府《ばくふ》が妨害《ぼうがい》しているようなものだが、「もともと日本人《にほんじん》を横浜《よこはま》の居住区《きょじゅうく》にいれないようにと幕府《ばくふ》に頼《たの》んだのは、外国人《がいこくじん》たるわれわれだから、幕府《ばくふ》を責《せ》めることはできない」とする。

しかし状況《じょうきょう》は変化《へんか》してきている。「日本《にほん》との交易《こうえき》を繁盛《はんじょう》させる」ためには、改善《かいぜん》することが必要《ひつよう》なのに、まったくその政策《せいさく》がみられない。

はたして幕府《ばくふ》は日本《にほん》を代表《だいひょう》する政権《せいけん》なのか、なんの力《ちから》もないではないか。外国人殺傷《がいこくじんさつしょう》の暗殺者《あんさつしゃ》を多《おお》く出《だ》している水戸藩《みとはん》を叱責《しっせき》することもできず、反逆者《はんぎゃくしゃ》を続出《ぞくしゅつ》させている長州藩《ちょうしゅうはん》に対《たい》しても、どんな手《て》もうてないのは、すでに威令《いれい》がおこなわれなくなっている証拠《しょうこ》ではないか。幕府《ばくふ》は権威《けんい》を失墜《しっつい》しているのである。

もはや幕府《ばくふ》が日本《にほん》の一大名《いちだいみょう》にすぎないことを事実《じじつ》が物語《ものがた》っている。その徳川将軍《とくがわしょうぐん》が、「大君《たいくん》」の称号《しょうごう》を使《つか》い、諸外国《しょがいこく》と条約《じょうやく》をむすんでいる。

そもそも将軍《しょうぐん》が日本《にほん》の支配者《しはいしゃ》を意味《いみ》する「大君《たいくん》」をとなえるのは思《おも》いあがった詐称《さしょう》といわなければならない。

「日本《にほん》ニ大君《たいくん》ノ名《な》ハ二《ふた》ツナシ、其《そ》ノ名《な》ヲ持《も》チ得《う》ルモノハタダ帝一人《みかどひとり》ノミ」

日本《にほん》の国《くに》には朝廷《ちょうてい》というものがあって、帝《みかど》こそが実《じつ》の元首《げんしゅ》であることは厳然《げんぜん》たる歴史《れきし》がしめしており、将軍《しょうぐん》は連合大名《れんごうだいみょう》の首席《しゅせき》にすぎない。

外国《がいこく》との条約《じょうやく》は、天皇《てんのう》の勅許《ちょっきょ》が必要《ひつよう》にもかかわらず、将軍《しょうぐん》は大君《たいくん》の名《な》で勝手《かって》にむすんでいる。このごろになって、はじめて条約勅許《じょうやくちょっきょ》ということがあらわれてきているが、これまで締結《ていけつ》された条約《じょうやく》とは、いったいなんだったのか、しかも幕府《ばくふ》は条約《じょうやく》にさまざまの違反《いはん》を犯《おか》している。

われわれは大君《たいくん》の条約調印《じょうやくちょういん》が、まったく理《り》にそむいていたことを知《し》るのである。

「我等《われら》近来大君《きんらいたいくん》ト結《むす》ビシ条約《じょうやく》ヲ廃《はい》シ、新《あら》タニ帝《みかど》ニ一致《いっち》シタル諸侯《しょこう》ト取《と》リ結《むす》ブベキ論《ろん》ヲ発《はっ》シ来《きた》レリ」──

サトウはここで従来幕府《じゅうらいばくふ》が締結《ていけつ》してきたのは「死者《ししゃ》ノ条約《じょうやく》」であるとし、「これを廃棄《はいき》して、真《しん》に日本《にほん》を代表《だいひょう》する政権《せいけん》とのあいだで更新《こうしん》することが急務《きゅうむ》であると考《かんが》える。それでなければ、われわれの交易《こうえき》も繁盛《はんじょう》せず、また日本《にほん》が富裕《ふゆう》になる道《みち》はない」と『英国策論《えいこくさくろん》』をむすんでいる。

「ほんとうの天子《てんし》がいるのだから、将軍《しょうぐん》を廃止《はいし》しても、国家《こっか》を転覆《てんぷく》することにはならないのだ」と、きわどいことまでいってしまう。これは明《あき》らかに日本《にほん》に政権交代《せいけんこうたい》、つまりは徳川幕府《がわばくふ》を倒《たお》して、新《あたら》しい国家体制《こっかたいせい》をつくれとうながしているようなものだ。

サトウはこの『英国策論《えいこくさくろん》』のなかで、こうもいっている。

「このわたしのコラムは旧法《きゅうほう》を改革《かいかく》するもっとも容易《ようい》ならざる非常過激《ひじょうかげき》な論《ろん》である。だからこれに賛同《さんどう》する人々《ひとびと》と共感《きょうかん》をともにする輪《わ》をひろげることが緊要《きんよう》である」

サトウは過激《かげき》な意見《いけん》を単《たん》に口走《くちばし》っているのではなく、危険《きけん》な「非常過激論《ひじょうかげきろん》」であることを、自覚《じかく》してそれを公表《こうひょう》したのだった。

もっともサトウがここでいう条約《じょうやく》の更新《こうしん》については微妙《びみょう》な問題《もんだい》もある。幕府《ばくふ》が締結《ていけつ》してきた国辱的《こくじょくてき》な不平等条約《ふびょうどうじょうやく》の改正《かいせい》は、明治《めいじ》なかばまでつづく日本人《にほんじん》の悲願《ひがん》だった。サトウたちイギリス人《じん》が論議《ろんぎ》する条約改更《じょうやくかいこう》とは、おのずから問題《もんだい》がずれるかもしれない。しかし彼《かれ》は公正《こうせい》な立場《たちば》で、幕府《ばくふ》がむすばされた不平等条約《ふびょうどうじょうやく》を改正《かいせい》したいとする日本人《にほんじん》へのメッセージを、そこに投《な》げ出《だ》しているのだ。

そして国政《こくせい》を担当《たんとう》する力《ちから》をうしなった幕府《ばくふ》をなんとかしなければだめだということをイギリス人《じん》の意見《いけん》として大胆率直《だいたんそっちょく》にしめしたのである。

サトウはまず薩摩《さつま》の西郷隆盛《さいごうたかもり》に、自《みずか》らの『英国策論《えいこくさくろん》』をぶっつけ、また坂本竜馬《さかもとりょうま》、桂小五郎《かつらこごろう》、勝海舟《かつかいしゅう》らとも親《した》しくまじわっているので、彼《かれ》らにも同様《どうよう》の意見《いけん》を交《か》わしていたにちがいない。

幕末《ばくまつ》、日本国《にほんこく》の政局《せいきょく》は幕府《ばくふ》と薩長両勢力《さっちょうりょうせいりょく》の対立《たいりつ》に集約《しゅうやく》された。そして幕府《ばくふ》をフランスが支援《しえん》し、ヨーロッパの対立構造《たいりつこうぞう》そのままに、フランスに対抗《たいこう》するイギリスは薩長《さっちょう》のうしろ楯《だて》となった。

イギリス本国《ほんごく》としては、公使館《こうしかん》に中立《ちゅうりつ》の立場《たちば》を訓令《くんれい》していたが、アーネスト・サトウははやくから幕府《ばくふ》を見《み》はなし、薩摩《さつま》・長州《ちょうしゅう》に期待《きたい》をかけていた。ついには第二次長州征伐《だいじちょうしゅうせいばつ》がはじまる直前《ちょくぜん》、にわかに『英国策論《えいこくさくろん》』を発表《はっぴょう》したのだった。

幕府《ばくふ》の終焉《しゅうえん》を予言《よげん》して、天皇《てんのう》を元首《げんしゅ》とする諸大名《しょだいみょう》の連合体《れんごうたい》が支配権力《しはいけんりょく》の座《ざ》につくべきだという新《あたら》しい国家構想《こっかこうそう》を描《えが》き、さらに雄藩薩長《ゆうはんさっちょう》の登場《とうじょう》を暗示《あんじ》する『英国策論《えいこくさくろん》』は、サトウの個人的《こじんてき》な見解《けんかい》だったが、パークス公使《こうし》もそれに共感《きょうかん》し、イギリスの対日政策《たいにちせいさく》を代表《だいひょう》するEnglish Policys《イングリッシュポリシィ》として、揺《ゆ》れうごく幕末《ばくまつ》の政局《せいきょく》に決定的《けっていてき》な影響《えいきょう》をあたえ、幕府《ばくふ》への抵抗勢力《ていこうせいりょく》を力《ちから》づけた。サトウが明治維新《めいじいしん》の陰《かげ》の仕掛《しか》け人《にん》というのは、そういう意味《いみ》だ。

西郷《さいごう》・海舟《かいしゅう》・竜馬《りょうま》とサトウ

幕末《ばくまつ》の日本《にほん》で活躍《かつやく》した三傑《さんけつ》といえば、西郷隆盛《さいごうたかもり》・勝海舟《かつかいしゅう》・坂本竜馬《さかもとりょうま》だろうか。桂小五郎《かつらこごろう》もはいるかもしれないが、いよいよ大詰《おおづ》めの江戸《えど》開城《かいじょう》となると西郷《さいごう》と海舟《かいしゅう》が浮《う》かびあがってくる。

それにイギリス公使《こうし》のハリー・パークス、そしてアーネスト・サトウである。そこでは人《ひと》と人《ひと》との出会《であ》いというものが、さまざまにからんで複雑《ふくざつ》な政局《せいきょく》をうごかしたのだ。

海舟《かいしゅう》の進言《しんげん》により、幕府《ばくふ》が神戸《こうべ》に海軍操練所《かいぐんそうれんじょ》を創設《そうせつ》したのは、文久《ぶんきゅう》三（一八六三）年《ねん》四月《がつ》だった。翌元治《よくげんじ》元年《がんねん》五月《がつ》、つまり禁門《きんもん》の変《へん》の二カ月《げつ》まえには操練所《そうれんじょ》の建物《たてもの》も完成《かんせい》し、近代《きんだい》的海軍《てきかいぐん》をつくりあげようという海舟《かいしゅう》の計画《けいかく》は軌道《きどう》にのりつつあった。彼《かれ》はあらためて軍艦《ぐんかん》奉行《ぶぎょう》を命《めい》じられている。

そのころ勝海舟《かつかいしゅう》は大坂《おおさか》である人物《じんぶつ》と会《あ》った。幕末《ばくまつ》の情勢《じょうせい》を展開《てんかい》させる歴史《れきし》的《てき》な邂逅《かいこう》（思《おも》いがけなくめぐり会《あ》う）ともいうべき西郷《さいごう》と勝海舟《かつかいしゅう》との出会《であ》いである。

西郷《さいごう》が海舟《かいしゅう》に会《あ》ったのは、京都藩邸《きょうとはんてい》にいる薩摩《さつま》の重臣吉井幸輔《じゅうしんよしいこうすけ》（友実《ともざね》）らにすすめられてのことだが、この人物《じんぶつ》にたちまち惚《ほ》れこんでしまい、しかも時代《じだい》を見る目《め》を大《おお》きくひらかされた。

「勝氏《かつうじ》へ初《はじ》めて面会《めんかい》つかまつり候《そうろう》処《ところ》、実《じつ》に驚《おどろ》き入《い》り候《そうろう》人物《じんぶつ》にて、最初《さいしょ》は打《う》ちたたくつもりにて差《さ》し越《こ》し候《そうろう》処《ところ》、とんと頭《あたま》を下《さ》げ申《もう》し候《そうろう》。どれだけ智略《ちりゃく》のあるやら知《し》れぬあんばいに見受《みう》け申《もう》し候《そうろう》」（西郷《さいごう》が大久保《おおくぼ》に宛《あ》てた手紙《てがみ》）

なによりも幕臣《ばくしん》である海舟《かいしゅう》の口《くち》から、幕府《ばくふ》を痛烈《つうれつ》に批判《ひはん》する言葉《ことば》がぽんぽん飛《と》び出《だ》すのにおどろいた。

「幕府《ばくふ》はもう駄目《だめ》だねえ」などという。外国連合艦隊《がいこくれんごうかんたい》が長州《ちょうしゅう》を攻撃《こうげき》しようとしているのを幕府《ばくふ》は傍観《ぼうかん》している。むしろよろこんでいる風《ふう》に見《み》え、関門海峡《かんもんかいきょう》の地図《ちず》など提供《ていきょう》する役人《やくにん》もいるということだ。

幕府《ばくふ》に対《たい》する西郷《さいごう》の姿勢《しせい》は、海舟《かいしゅう》に会《あ》ってから急速《きゅうそく》に変化《へんか》した。それは日本《にほん》という国《くに》をこのまま幕府《ばくふ》にまかせてよいのかという根本的《こんぽんてき》な問題《もんだい》にもかかわっている。また長州憎《ちょうしゅうにく》しとばかりその壊滅《かいめつ》を願《ねが》うことが、薩摩《さつま》にとってどのような意味《いみ》を持《も》つかという冷静《れいせい》な思考《しこう》が西郷《さいごう》の胸中《きょうちゅう》に芽生《めば》えるときでもあった。

海舟《かいしゅう》に会《あ》ってしばらくののち、西郷《さいごう》のところに坂本竜馬《さかもとりょうま》という土佐《とさ》脱藩《だっぱん》の浪士《ろうし》が訪《たず》ねてきた。彼《かれ》は海舟《かいしゅう》の門下《もんか》となり、海軍操練所《かいぐんそうれんじょ》の塾頭《じゅくとう》として活躍《かつやく》していた。海舟《かいしゅう》に勧《すす》められて話《はなし》を聞《き》きにきたのだという。

このときの西郷《さいごう》の印象《いんしょう》を、帰《かえ》ってから海舟《かいしゅう》に告《つ》げた竜馬《りょうま》の有名《ゆうめい》な言葉《ことば》がある。

「西郷《さいごう》という人物《じんぶつ》は小《ちい》さくたたけば小《ちい》さく響《ひび》き、大《おお》きくたたけば大《おお》きく響《ひび》く釣《つ》り鐘《がね》のようだ。馬鹿《ばか》でもその幅《はば》がどれほどの大馬鹿《おおばか》か、利口《りこう》なら途方《とほう》もなく利口《りこう》な男《おとこ》だろう」

西郷《さいごう》と竜馬《りょうま》の出会《であ》いも運命的《うんめいてき》だが、それは偶然《ぐうぜん》ではなく、このふたりを会《あ》わせておこうと勝海舟《かつかいしゅう》がうった後日《ごじつ》への布石《ふせき》というものだった。海舟《かいしゅう》はまもなく役職《やくしょく》を剥奪《はくだつ》されて江戸《えど》に呼《よ》びもどされ、海軍操練所《かいぐんそうれんじょ》も閉鎖《へいさ》となる。奔放《ほんぽう》な幕府《ばくふ》批判《ひはん》によるもので、彼《かれ》もそのことを予知《よち》して竜馬《りょうま》の身柄《みがら》を西郷《さいごう》に託《たく》すつもりだったのだ。

西郷《さいごう》・海舟《かいしゅう》・竜馬《りょうま》の輪《わ》のなかにはいってきたのが、アーネスト・サトウである。

さまざまな出会《であ》い

慶応《けいおう》二(一八六六)年《ねん》八月《がつ》、イギリス公使《こうし》パークスは、軍艦《ぐんかん》アーガス号《ごう》で鹿児島《かごしま》にむかった。薩摩藩主《さつまはんしゅ》・忠義《ただよし》と会談《かいだん》するためである。それまでは忠義《ただよし》の父久光《ちちひさみつ》が国父《こくふ》として独裁権《どくさいけん》をにぎって公武合体策《こうぶがったいさく》を進《すす》めていたが、幕府《ばくふ》の権威《けんい》が衰《おとろ》えたころから、下級武士出身《かきゅうぶししゅっしん》の西《さい》郷《ごう》らが中心《ちゅうしん》となって薩摩《さつま》をうごかしている。

パークス公使《こうし》は表《おもて》むき藩主《はんしゅ》の忠義《ただよし》を訪問《ほうもん》するが、実《じつ》の相手《あいて》は西郷《さいごう》である。彼《かれ》とならぶ大《おお》物《もの》の大久保《おおくぼ》は江戸《えど》の藩邸《はんてい》にいるので、西郷《さいごう》との会談《かいだん》となった。

パークスの鹿児島《かごしま》行きには、もちろん通訳官《つうやくかん》としてサトウが同行《どうこう》する。

慶応《けいおう》二年《ねん》八月《がつ》といえば、第《だい》二次長州征伐《じちょうしゅうせいばつ》の幕軍《ばくぐん》と長州軍《ちょうしゅうぐん》の戦闘《せんとう》が、長州軍優位《ちょうしゅうぐんゆうい》のうちに終結《しゅうけつ》をむかえているころである。長幕戦争《ちょうばくせんそう》を見守《みまも》っていた薩摩《さつま》がひと安心《あんしん》しているところに公使《こうし》が訪問《ほうもん》するというのも、イギリスらしい外交《がいこう》である。

薩英戦争以来《さつえいせんそういらい》イギリスと薩摩《さつま》は、親交《しんこう》を深《ふか》めている。重大《じゅうだい》な時期《じき》、さらに友好《ゆうこう》を確《たし》かめておこうというのである。

公式《こうしき》に「イギリスは薩摩《さつま》と長州《ちょうしゅう》を支援《しえん》する」とはいえないので、「イギリスは中立《ちゅうりつ》の立場《たちば》であります」とあたりさわりのない言葉《ことば》をとり交《か》わしたが、こうして親善《しんぜん》の訪問《ほうもん》をしていることがすべてを物語《ものがた》っている。

サトウは西郷《さいごう》とふたりで話《はな》し合《あ》う機会《きかい》があった。

「イギリスは中立《ちゅうりつ》です」と彼《かれ》も形式的《けいしきてき》なことを最初《さいしょ》は西郷《さいごう》にいったが、しだいに『英国策《えいこくさく》論《ろん》』の調子《ちょうし》で、幕府《ばくふ》はもうだめだ、大名連合《だいみょうれんごう》を組《く》んで日本《にほん》を新《あたら》しくすることになれば薩摩《さつま》がその代表《だいひょう》にふさわしいという意味《いみ》のことを遠回《とおまわ》しに、しかし情熱的《じょうねつてき》にしゃべった。

西郷《さいごう》は、微笑《びしょう》して頷《うなず》いている。彼《かれ》が、すでにサトウの『英国策論《えいこくさくろん》』を読《よ》んでいたにちがいないのは、鹿児島《かごしま》の次《つぎ》に訪問《ほうもん》した宇和島藩《うわじまはん》で、前藩主《ぜんはんしゅ》の伊達宗城《だてむねなり》の話《はな》し方《かた》があきらかに『英国策論《えいこくさくろん》』を読《よ》んでいることをにおわせていたことからも窺《うかが》われた。

「みんな読《よ》んでくれているな」

そんな感《かん》じだった。第《だい》二次長州征伐《じちょうしゅうせいばつ》の失敗《しっぱい》で、大勢《たいせい》がほぼ決《き》まったこの時期《じき》、サトウの『英国策論《えいこくさくろん》』は、一挙《いっきょ》に政局《せいきょく》を大転換《だいてんかん》にみちびく推進力《すいしんりょく》になったといってよい。

第五章 江戸開城

転落《てんらく》の偉人《いじん》

そのとき、急《きゅう》にあたりが静《しず》かになりました。
騎馬《きば》の一隊《いったい》が近《ちか》づいてきたからです。
日本人《にほんじん》はみな、ひざまずきました。
だれもがこの転落《てんらく》の偉人《いじん》にむかって脱帽《だつぼう》しました。
彼《かれ》は、わたしたちに気《き》づかないようでした。
護衛《ごえい》の遊撃隊《ゆうげきたい》があとからきました。
行列《ぎょうれつ》のしんがりには、
さらに多数《たすう》の洋式訓練部隊《ようしきくんれんぶたい》がつづきました。

最後《さいご》の部隊《ぶたい》を見送《みおく》ってから、
こんどは城《しろ》にはいる光景《こうけい》を見《み》るため、
その方向《ほうこう》へ急《いそ》ぎました。
濠《ほり》にかかっている橋《はし》の上《うえ》を通《とお》って行《い》く行列《ぎょうれつ》は、
見事《みごと》な色彩《しきさい》の配合《はいごう》を見《み》せながら、
大手門《おおてもん》から入城《にゅうじょう》しました。

ほかはみんな馬《うま》からおりましたが、
大君《たいくん》は騎馬《きば》のまま背《せ》をのばし、
正面《しょうめん》を睨《にら》んで堂々《どうどう》としていました。
しかし近《ちか》くで見《み》たその人《ひと》は、
たいそう、やつれていました。
その情景《じょうけい》にふさわしく、

折《おり》から雨《あめ》が降《ふ》ってきました。
大君《たいくん》のおちぶれたすがたをひと目《め》でも見《み》ようと、
パークス公使《こうし》もそこにいました。
わたしの意見《いけん》に賛成《さんせい》し、
力《ちから》のおよぶかぎり大君《たいくん》の没落《ぼつらく》に〝貢献《こうけん》〟してきた
わたしたちの長官《ちょうかん》サー・ハリー・パークスは、
わたしの気持《きも》ちとは逆《ぎゃく》に、
使者《ししゃ》をやって明日《あす》の会見《かいけん》をもとめるといいはりました。
もう会《あ》うことない。
会《あ》うのは残酷《ざんこく》だと、わたしは反対《はんたい》しましたが、
どうしても会《あ》っておきたいといいます。
ハリー長官《ちょうかん》は我《が》をとおして会見《かいけん》を申《もう》しいれましたが、

前将軍《ぜんしょうぐん》　慶喜《よしのぶ》は、会見《かいけん》を拒否《きょひ》してきました。
いまになって慶喜《よしのぶ》を卑怯者《ひきょうもの》として責《せ》めるのは無理《むり》です。
慶喜《よしのぶ》について
だれもそんな批評《ひひょう》をくだす者《もの》はいないでしょう。
この頭首《とうしゅ》をはずした新政府《しんせいふ》は、
これからどうなるのだろう。
慶喜《よしのぶ》は大名《だいみょう》たちの仲間《なかま》にはいるのか、
それとも滅《ほろ》ぼされるか、
おそらく後者《こうしゃ》が
慶喜《よしのぶ》の反対者《はんたいしゃ》の思《おも》うつぼにちがいありません。

討幕《とうばく》の密勅《みっちょく》

討幕《とうばく》の密勅《みっちょく》というのは、慶応《けいおう》三(一八六七)年《ねん》十月《がつ》十四日《か》、薩長両藩《さっちょうりょうはん》に朝廷《ちょうてい》がひそかに渡《わた》した将軍《しょうぐん》・徳川慶喜《とくがわよしのぶ》追討《ついとう》の勅書《ちょくしょ》のことである。大久保《おおくぼ》一蔵《いちぞう》・岩倉具視《いわくらともみ》ら討幕派《とうばくは》に追《お》いつめられた幕府《ばくふ》が、討幕《とうばく》をかわすため機先《きせん》を制《せい》しておなじ日《ひ》に国政《こくせい》の実権《じっけん》を天皇《てんのう》にお返《かえ》しするという「大政奉還《たいせいほうかん》」をしたのに対抗《たいこう》して出《だ》したものだが、偽勅《ぎちょく》（偽《にせ》の詔勅《しょうちょく》）ともいわれている。

いずれにしても幕府《ばくふ》にとっては、一大事《いちだいじ》だった。

十一月《がつ》十六日《にち》(旧暦《きゅうれき》十月《がつ》二十一日《にち》)の真夜中《まよなか》、外国奉行《がいこくぶぎょう》のひとり石川河内守《いしかわかわちのかみ》が、ハリー卿《きょう》(パークス公使《こうし》)を訪《たず》ねてきて、大君《たいくん》は政治《せいじ》の大権《たいけん》を天皇《てんのう》に返還《へんかん》したので、今後《こんご》は天皇《てんのう》の命令《めいれい》の執行機関《しっこうきかん》にすぎなくなるだろうという、重大《じゅうだい》な情報《じょうほう》を伝《つた》えたのである。われわれはすでにほかの方面《ほうめん》から、大君《たいくん》が退位《たいい》して将軍職《しょうぐんしょく》はなくなるだろうということを耳《みみ》にしていた。
すでに、この月《つき》の十四日《か》に小笠原壱岐守《おがさわらいきのかみ》（老中《ろうじゅう》・外国事務総裁《がいこくじむそうさい》）は内々《うちうち》でわれわれに対《たい》し、今後《こんご》政治《せいじ》の大綱《たいこう》は有力《ゆうりょく》な諸大名《しょだいみょう》の合議《ごうぎ》によって立《た》てられ、大君《たいくん》の決裁《けっさい》は天皇《てんのう》の許可《きょか》をうけなければならなくなると告《つ》げたのである。

（アーネスト・サトウ著《ちょ》『一外交官《いちがいこうかん》の見《み》た明治維新《めいじいしん》』坂田精一《さかたせいいち》訳《やく》）

大政《たいせい》は奉還《ほうかん》されたというものの討幕派《とうばくは》としては、徳川慶喜《とくがわよしのぶ》の官位《かんい》と徳川氏《とくがわし》が所有《しょゆう》する土地《とち》を剝奪《はくだつ》（辞官《じかん》・納地《のうち》）し、幕府《ばくふ》権力《けんりょく》を根絶《ねだ》やしにすることを考《かんが》えていた。

無血《むけつ》クーデターをねらう陰謀《いんぼう》として招集《しょうしゅう》されたのが、慶応《けいおう》三（一八六七）年《ねん》十二月九日夜《がっこのかよる》にひらかれた維新史上有名《いしんしじょうゆうめい》な「小御所会議《こごしょかいぎ》」だ。小御所《こごしょ》は京都御所内《きょうとごしょない》の紫宸殿《ししんでん》の東北《とうほく》にある書院造《しょいんづく》りの部屋《へや》である。

主導権《しゅどうけん》をにぎっている薩摩《さつま》の大久保《おおくぼ》、西郷《さいごう》らは武力《ぶりょく》をちらつかせ、慶喜《よしのぶ》の辞官《じかん》・納地《のうち》を決議《けつぎ》して会議《かいぎ》を終《お》わった。

この日《ひ》、討幕派《とうばくは》は凱歌《がいか》をあげるように「王政復古大号令《おうせいふっこだいごうれい》」を発《はっ》した。

将軍《しょうぐん》慶喜《よしのぶ》がいる二条城《にじょうじょう》に集結《しゅうけつ》した二万《まん》の幕軍《ばくぐん》は、怒《いか》り興奮《こうふん》していまにも薩摩軍《さつまぐん》を襲《おそ》いかねない気配《けはい》をみせた。

「暴走《ぼうそう》させてはなりませぬぞ」

と老中《ろうじゅう》・板倉勝静《いたくらかつきよ》が慶喜《よしのぶ》に進言《しんげん》する。京都《きょうと》にいる薩摩《さつま》軍《ぐん》は三千《ぜん》である。一挙《いっきょ》に踏《ふ》みつぶせるが、出撃《しゅつげき》を命《めい》じてただちに交戦状態《こうせんじょうたい》にはいり、全面戦争《ぜんめんせんそう》になるのを板倉《いたくら》はためらったのだった。

慶喜《よしのぶ》はいったん陣頭《じんとう》に立《た》つような素振《そぶ》りを見《み》せたが、わずかな供《とも》をつれて、こっそり城《しろ》をぬけ出《だ》し、大坂城《おおさかじょう》にむかった。

通訳官《つうやくかん》と領事《りょうじ》

慶応《けいおう》三年《ねん》十二月七日《がつなのか》は、西暦《せいれき》一八六八年《ねん》の一月一日《がつついたち》である。サトウはその日付《ひづ》けで日本《にほん》語書記官《ごしょきかん》に任命《にんめい》され、年俸《ねんぽう》七百《ひやく》ポンドに昇給《しょうきゅう》した。

よろこんでいると、不愉快《ふゆかい》なことが耳《みみ》にはいってきた。おなじくイギリス公使館《こうしかん》の通訳《つうやく》官《かん》だったユーヅデンが、空席《くうせき》になった箱館領事《はこだてりょうじ》に昇格《しょうかく》して近《ちか》く赴任《ふにん》するという。

「念《ねん》のためおたずねしますが、ユーヅデン氏《し》はわたしの先任《せんにん》ですか」

サトウはパークスに嚙《か》みついた。

「いや、きみが先任《せんにん》だ」

「では、箱館領事《はこだてりょうじ》にはわたしが任命《にんめい》されるはずです」

「小《ちい》さな港《みなと》の領事《りょうじ》より東京《とうきょう》の公使館《こうしかん》にいるのがよいのではないか」

「それはわたしの質問《しつもん》に答《こた》えたことになっておりません」

「サトウ君《くん》はぼくのそばにいてもらいたいのだ。きみは日本語《にほんご》通訳《つうやく》として最高《さいこう》の力《ちから》を持《も》っている。イギリス公使館《こうしかん》には、絶対必要《ぜったいひつよう》な人《ひと》だ」

「承服《しょうふく》できません」

「どうして通訳官《つうやくかん》から書記官《しょきかん》に昇格《しょうかく》して、中央《ちゅうおう》の公使館《こうしかん》に勤務《きんむ》するのが不服《ふふく》なのか、ぼくには、きみの気持《きも》ちがわからない」

「わたしは女王陛下《じょおうへいか》の外交官《がいこうかん》になりたいのです。最初《さいしょ》からその希望《きぼう》を抱《いだ》いて、日本《にほん》にやってきたのです。領事《りょうじ》は女王陛下《じょおうへいか》の委任《いにん》をうけるのに、日本語書記官《にほんごしょきかん》の職《しょく》は、女王陛下《じょおうへいか》の委任《にん》をうけた外交官《がいこうかん》ではありません。そのことはご存知《ぞんじ》のはずです」

「そうかね、では外務省《がいむしょう》にそのことを書《か》いた上申書《じょうしんしょ》を提出《ていしゅつ》したまえ」

パークス公使《こうし》はひどく不機嫌《ふきげん》になったが、サトウから痛《いた》いところをつかれて、なにもいえなくなった。パークスはそれまでサトウが通訳官《つうやくかん》としてそばにいて、通訳官以上《つうやくかんいじょう》の仕事《しごと》をしてくれるので、たすかっていたのだ。そばを離《はな》れられてはこまるのである。

サトウは領事職《りょうじしょく》への昇任《しょうにん》を要求《ようきゅう》する上申書《じょうしんしょ》を提出《ていしゅつ》した。しかしそのうちに鳥羽《とば》・伏見《ふしみ》の戦《たたか》いがはじまり、戦火《せんか》のために外国居留民《がいこくきょりゅうみん》の安全《あんぜん》が侵《おか》されないようにしなければならない。パークスもサトウも、しばらくは奔走《ほんそう》する毎日《まいにち》で、公使館《こうしかん》の人事《じんじ》などにかまってはいられなくなった。

逃《に》げる将軍《しょうぐん》

大坂城内《おおさかじょうない》の幕軍主戦派《ばくぐんしゅせんは》は、「小御所会議《こごしょかいぎ》」の雪辱《せつじょく》を期《き》しての出撃《しゅつげき》をとなえ、ますます燃《も》え盛《さか》るばかりである。城内《じょうない》に主力《しゅりょく》を待機《たいき》させたほか十四箇所《かしょ》の楼門《ろうもん》をかため、播州街道《ばんしゅうかいどう》の西《にし》の宮《みや》・札《ふだ》の辻《つじ》には五百人《ひゃくにん》、京街道《きょうかいどう》の守口《もりぐち》には二百人《ひゃくにん》、奈良街道《ならかいどう》の河堀口《こぼれぐち》には二百人《ひゃくにん》と諸兵《しょへい》を京坂《けいはん》のあいだに配置《はいち》、真田山《さなだやま》・天王寺《てんのうじ》に陣営《じんえい》をおいて、追撃《ついげき》してくる新政府《しんせいふ》との戦闘態《せんとうたい》勢《せい》をととのえていたのだ。

しかし慶喜《よしのぶ》はすでに江戸《えど》へ帰《かえ》ることを決《き》めておりながら、諸隊《しょたい》の幹部《かんぶ》を大広間《おおひろま》にあつめ、

「このうえは、いかにすべきか」

と、質問《しつもん》した。

「早々《そうそう》にご出馬遊《しゅつばあそ》ばされるが肝要《かんよう》と存《ぞん》じます。さすれば士気《しき》おおいに奮《ふる》い、薩長《さっちょう》を討《う》ちたいらげんこと疑《うたが》いなしでござります」

血気《けっき》にはやる彼《かれ》らは、いっせいに出撃《しゅつげき》をいいつのる。一同《いちどう》をあつめたのは、とり鎮《しず》める

つもりだったが、とてもそのような雰囲気《ふんいき》ではなかった。

「よし、ではこれよりただちに出馬《しゅつば》しよう。皆《みな》のもの用意《ようい》せよ」

慶喜《よしのぶ》がいうと、彼《かれ》らは勇《いさ》みたって持《も》ち場《ば》にむかった。

その言葉《ことば》を信《しん》じた幕軍《ばくぐん》五千《せん》が戦闘態勢《せんとうたいせい》をととのえている一月六日《がつむいか》夜《よる》、慶喜《よしのぶ》は会津《あいづ》・桑名《くわな》の両藩主《りょうはんしゅ》ら、わずかな人々《ひとびと》をつれ、夜陰《やいん》にまぎれて大坂城《おおさかじょう》の後門《こうもん》から脱出《だっしゅつ》しようとした。

「だれだ」とあやしむ衛兵《えいへい》には、「御小姓《ごこしょう》の交代《こうたい》である」と、とっさにごまかして、八軒屋《はちけんや》から舟《ふね》に乗《の》り天保山《てんぽうざん》に着《つ》いた。

天保山沖《てんぽうざんおき》には幕府《ばくふ》の軍艦開陽《ぐんかんかいよう》・富士山《ふじさん》・蟠龍《ばんりゅう》・翔鶴《しょうかく》の四隻《せき》が停泊《ていはく》しているはずで、慶喜《よしのぶ》は旗艦《きかん》の開陽丸《かいようまる》に乗《の》るつもりだったが、夜《よる》のことで軍艦《ぐんかん》のすがたはどこにもない。しかたなく近《ちか》くにいたアメリカの軍艦《ぐんかん》に収容《しゅうよう》してもらい、翌七日《よくなのか》になって開陽丸《かいようまる》に乗《の》り移《うつ》った。

幕府艦隊《ばくふかんたい》の旗艦開陽丸《きかんかいようまる》では海軍総裁《かいぐんそうさい》の榎本武揚《えのもとたけあき》、軍艦奉行並《ぐんかんぶぎょうなみ》の矢田堀讃岐守《やだぼりさぬきのかみ》も上陸《じょうりく》中《ちゅう》との理由《りゆう》で出航《しゅっこう》をしぶったが、慶喜《よしのぶ》は強引《ごういん》に東帰《とうき》（江戸《えど》に帰《かえ》る）を命《めい》じた。一刻《いっこく》もはやく逃《に》げ出《だ》したいというあせりをかくそうともしない慶喜《よしのぶ》の態度《たいど》が、幕艦乗組員《ばくかんのりくみいん》たちの失望《しっぼう》を増幅《ぞうふく》させた。

鳥羽《とば》・伏見《ふしみ》の戦《たたか》い

二世紀半《せいきはん》にわたり巨大《きよだい》な力《ちから》をたくわえてきた徳川幕府《とくがわばくふ》だ。一夜《いちや》の会議《かいぎ》で倒《たお》れてしまうほど、やわな組織《そしき》ではない。

その後《ご》も幕府権力《ばくふけんりょく》を温存《おんぞん》させるためのまき返《かえ》しがはじまった。

——武力以外《ぶりょくいがい》に道《みち》はない。

西郷《さいごう》はそう思《おも》っているが、理由《りゆう》もなく武力《ぶりょく》を行使《こうし》することはできない。

そこで彼《かれ》は江戸《えど》の薩摩藩邸《さつまはんてい》に命《めい》じて、騒《さわ》ぎを起《お》こさせた。浪人《ろうにん》などを雇《やと》って、豪商《ごうしょう》の家《いえ》におしいり、幕吏《ばくり》の邸宅《ていたく》を襲《おそ》って略奪《りゃくだつ》・殺傷《さつしょう》をくり返《かえ》し、江戸《えど》市中《しちゅう》を恐怖《きょうふ》におとしいれた。

西郷《さいごう》の謀略《ぼうりゃく》にまんまとのせられた幕府《ばくふ》が、江戸《えど》の薩摩《さつま》本邸《ほんてい》や支藩《しはん》佐土原《さどはら》藩邸《はんてい》を焼《や》き打《う》ちした。ここから鳥羽《とば》・伏見《ふしみ》の戦《たたか》いにはじまる武力討幕《ぶりょくとうばく》の戊《ぼ》辰戦争《しんせんそう》に突入《とつにゅう》する。

兵士《へいし》を満載《まんさい》した薩摩《さつま》の軍艦《ぐんかん》が周《す》防三田尻《おうみたじり》（山口県《やまぐちけん》）にはいり、あらためて長州藩《ちょうしゅうはん》と討幕《とうばく》出兵《しゅっぺい》の盟約《めいやく》をむすんで、勢揃《せいぞろ》いした両軍《りょうぐん》が西郷《さいごう》の待《ま》つ京都《きょうと》をめざして出航《しゅっこう》したのは十一月《がつ》二十五日《にち》だった。

戦《たたか》いは翌慶応《よくけいおう》四(一八六八)年《ねん》一月二日《がつふつか》からはじまった。

その日午後《ひごご》四時《じ》すぎ鳥羽口《とばぐち》に進《すす》んだ幕兵《ばくへい》と、中村半次郎《なかむらはんじろう》(桐野《きりの》利秋《としあき》)らのひきいる薩摩藩《さつまはん》兵《ぺい》とのあいだで砲火《ほうか》がひらかれた。

薩摩《さつま》を軸《じく》として展開《てんかい》された京都《きょうと》の政情《せいじょう》が火《ひ》を噴《ふ》くと同時《どうじ》にこれまでかくれた存在《そんざい》をつづけていた長州藩《ちょうしゅうはん》が顔《かお》を出《だ》し、伏見口《ふしみぐち》に進撃《しんげき》してきた幕兵《ばくへい》と衝突《しょうとつ》した。

幕軍主力《ばくぐんしゅりょく》は伏見《ふしみ》から入京《にゅうきょう》してくるものとみて、長州軍《ちょうしゅうぐん》七百《ひゃく》が付近《ふきん》の寺院《じいん》に屯営《とんえい》を構《かま》え、幕兵数百《ばくへいすうひゃく》に占拠《せんきょ》されている伏見奉行屋敷《ふしみぶぎょうやしき》に砲列《ほうれつ》をしいて臨戦態勢《りんせんたいせい》をととのえた。

別《べつ》に薩摩《さつま》の中村半次郎《なかむらはんじろう》がひきいる三百《びゃく》、吉井幸輔《よしいこうすけ》らの五百《ひゃく》がこの方面《ほうめん》を応援《おうえん》している。

鳥羽口《とばぐち》から近《ちか》づいてくる幕軍《ばくぐん》に対《たい》しては、薩摩《さつま》の伊知地《いちじ》正治《まさはる》が兵《へい》を指揮《しき》して、城南離宮《じょうなんりきゅう》の前面《ぜんめん》まで出《で》て、砲三門《ほうさんもん》を街道《かいどう》に据《す》え、小銃隊《しょうじゅうたい》を離宮《りきゅう》のうしろにひろがる草《くさ》むらのなかに、ひそませた。

やがて進《すす》んできた幕軍《ばくぐん》のまえをふさぎ、ここでもたがいに武器《ぶき》を構《かま》えてむかいあった。

三日夕刻《みっかゆうこく》、薩摩軍《さつまぐん》の大砲《たいほう》が火《ひ》を噴《ふ》いた。その砲声《ほうせい》が伏見《ふしみ》に伝《つた》わって交戦状態《こうせんじょうたい》となり、たちまち鳥羽《とば》・伏見《ふしみ》の戦《たたか》いに突入《とつにゅう》した。

鳥羽口《とばぐち》ではじめ薩摩軍《さつまぐん》が優勢《ゆうせい》に戦闘《せんとう》を進《すす》め、草《くさ》むらにかくれていた銃隊千人《じゅうたいせんにん》のいっせい射撃《しゃげき》をうけて、混乱《こんらん》する幕兵《ばくへい》に薩摩《さつま》の斬《き》りこみ隊《たい》が襲《おそ》いかかった。

しかしすぐに会津《あいづ》の精鋭《せいえい》が勢《いきお》いを盛《も》り返《かえ》し、白兵戦《はくへいせん》（接近《せっきん》しての戦《たたか》い）になると多勢《たぜい》におしまくられて苦戦《くせん》におちいった。そこへ長州軍《ちょうしゅうぐん》の奇《き》兵隊《へいたい》が駆《か》けつけ、また薩摩軍《さつまぐん》の新手《あらて》の銃隊《じゅうたい》があらわれて猛射《もうしゃ》をあびせた。挾撃《きょうげき》されて幕軍《ばくぐん》は総《そう》くずれになる。

京都《きょうと》で志士《しし》たちを怖《おそ》れさせ、坂本竜馬暗殺《さかもとりょうまあんさつ》の下手人《げしゅにん》とも疑《うたが》われる剣客佐々木只三郎《けんかくささきたださぶろう》は、単身薩摩軍《たんしんさつまぐん》の銃隊《じゅうたい》に突撃《とつげき》して壮烈《そうれつ》な戦死《せんし》をとげた。

伏見《ふしみ》では市街戦《しがいせん》になり、燃《も》えあがる人家《じんか》のなかで銃《じゅう》・砲撃戦《ほうげきせん》を交《か》わし、また白兵戦《はくへいせん》をまじえた凄惨《せいさん》な戦《たたか》いだった。

伏見《ふしみ》の戦《たたか》いのあいだイギリス公使館《こうしかん》を、神戸《こうべ》居留地《きょりゅうち》の領事館《りょうじかん》において、パークスとサトウはそこにひそみ、戦況《せんきょう》をうかがっていた。

戦火《せんか》がひろがってくるなら、書類《しょるい》を沖《おき》にいる軍艦《ぐんかん》にはこぶことなども話《はな》し合《あ》っていたが、そこまでのことはなかった。兵員《へいいん》はすくなかったが、新式《しんしき》の兵器《へいき》と訓練《くんれん》を積《つ》んだ精強《せいきょう》な長《ちょう》州諸隊《しゅうしょたい》と薩摩軍《さつまぐん》の勢《いきお》いにおされて幕軍《ばくぐん》は敗走《はいそう》する。

伏見《ふしみ》で最後《さいご》まで奮迅《ふんじん》したのは、奉行屋敷《ぶぎょうやしき》に立《た》てこもる会津兵《あいづへい》や新選組《しんせんぐみ》など数百名《すうひゃくめい》である。

背後《はいご》の丘《おか》の上《うえ》から薩摩軍《さつまぐん》が砲弾《ほうだん》を撃《う》ちこみ、かなりの被害《ひがい》をあたえたが、それでも屈《くっ》せずに槍《やり》ぶすまをつくって抵抗《ていこう》した。

態勢《たいせい》をととのえ、雪辱《せつじょく》を期《き》す勇猛《ゆうもう》な会津兵《あいづへい》を先頭《せんとう》に、翌四日《よくよっか》の払暁《ふつぎょう》から幕軍《ばくぐん》が反撃《はんげき》に出《で》た。新手《あらて》もくわえた大軍《たいぐん》に攻《せ》めたてられ孤立《こりつ》した薩摩軍《さつまぐん》は、一時《いちじ》退却《たいきゃく》のやむなきに至《いた》った。

薩摩《さつま》本営《ほんえい》の東寺《とうじ》からは二番大隊《ばんだいたい》が駆《か》けつけて、側面《そくめん》から大砲《たいほう》を撃《う》ちまくり、算《さん》を乱《みだ》す（ばらばらに散《ち》る）幕軍《ばくぐん》を奇兵隊《きへいたい》が追撃《ついげき》した。

やがて戦況《せんきょう》をもちなおし、会津兵《あいづへい》は富《とみ》ケ森《もり》に、徳川《とくがわ》の旗本軍《はたもとぐん》はふたたび淀《よど》に退却《たいきゃく》した。

四日《よっか》、征夷大将軍《せいいたいしょうぐん》に任《にん》じられた議定《ぎてい》・嘉彰親王《よしあきしんのう》に、錦旗《きんき》と節刀《せっとう》が授《さず》けられ、ほかに参与《さんよ》のなかから錦旗奉行《きんきぶぎょう》を選《えら》んで、薩《さつ》・長《ちょう》・芸《げい》（広島《ひろしま》）三藩《ぱん》の兵《へい》をその麾下《きか》（将軍直属《しょうぐんちょくぞく》の兵《へい》）に配《はい》した。

この日午後《ひごご》二時《じ》、征夷大将軍《せいいたいしょうぐん》の宮《みや》は錦旗《きんき》を東寺《とうじ》に進《すす》め、軍令《ぐんれい》を諸軍《しょぐん》に伝《つた》えた。天皇《てんのう》を擁《よう》していることを象徴《しょうちょう》する「錦《にしき》の御旗《みはた》」を先頭《せんとう》におし立《た》てて、幕軍《ばくぐん》を討伐《とうばつ》する新政府軍《しんせいふぐん》のかたちがととのった瞬間《しゅんかん》である。

五日《いっか》も戦闘《せんとう》がつづいた。長州軍《ちょうしゅうぐん》は幕軍《ばくぐん》が本営《ほんえい》をおいている淀《よど》にむかって進撃《しんげき》する。接戦《せっせん》を避《さ》け、あくまでも集団戦法《しゅうだんせんぽう》に徹《てっ》した。

増強《ぞうきょう》したアームストロング砲《ほう》や戦前《せんぜん》にとりよせた十四万発《まんぱつ》の雷管《らいかん》はさらに補給《ほきゅう》され、それらを惜《お》しげもなく使《つか》って、果敢《かかん》な掃討作戦《そうとうさくせん》を展開《てんかい》した。

元治《げんじ》元《がん》(一八六四)年《ねん》の藩内騒乱《はんないそうらん》、連合艦隊《れんごうかんたい》との交戦《こうせん》、第《だい》二次長州征伐《じちょうしゅうせいばつ》における幕軍《ばくぐん》との激戦《げきせん》をへて最強《さいきょう》の軍団《ぐんだん》に育《そだ》った奇兵隊《きへいたい》と長州諸隊《ちょうしゅうしょたい》の勇戦《ゆうせん》、またこれも近代兵器《きんだいへいき》を装備《そうび》した薩摩軍《さつまぐん》の剽悍《ひょうかん》(強《つよ》く、すばやい)な力戦《りきせん》と相《あい》まって、幕軍《ばくぐん》を圧倒《あっとう》した。

敗走《はいそう》する幕兵《ばくへい》は、淀《よど》の市中《しちゅう》に火《ひ》をはなち、大橋《おおはし》・小橋《こばし》を焼《や》きおとして、老中稲葉美濃守《ろうじゅういなばみののかみ》の居城《きょじょう》に逃《に》げこもうとした。稲葉氏《いなばし》は三代《だい》将軍《しょうぐん》 家光《いえみつ》の乳母春日局《めのとかすがのつぼね》の夫稲葉正邦《おっといなばまさくに》を祖《そ》とする譜代《ふだい》である。

幕軍《ばくぐん》は淀城《よどじょう》に立《た》てこもり最後《さいご》の抗戦《こうせん》をこころみようとしたのだが、「錦旗《きんき》に刃《は》むかう徳《とく》川慶喜《がわよしのぶ》に味方《みかた》はいたしかねる」

と、城門《じょうもん》はひらかれなかった。戦《たたか》いの帰趨《きすう》(最終的《さいしゅうてき》におちつくところ)を察《さっ》した稲葉家《いなばけ》が選《えら》んだ生《い》きのこりの変節《へんせつ》というものだろう。

六日以後《むいかいご》は散発的《さんぱつてき》な追撃戦《ついげきせん》だった。徳川慶喜《とくがわよしのぶ》が大坂城《おおさかじょう》をすてて江戸《えど》に逃《に》げ帰《かえ》ったことを知《し》った幕兵《ばくへい》は、にわかに戦意《せんい》をうしなって山崎街道《やまさきかいどう》を伝《つた》い、牧方《ひらかた》・守口《もりぐち》をへて大坂《おおさか》に退却《たいきゃく》、四散《しさん》したので鳥羽《とば》・伏見《ふしみ》の砲声《ほうせい》はやんだ。

終幕《しゅうまく》

鳥羽《とば》・伏見《ふしみ》の敗戦《はいせん》を見《み》て諸侯《しょこう》の幕府離《ばくふばな》れが相次《あいつ》いだ。もはやどう足掻《あが》きようもないことを知《し》ったあとの徳川慶喜《とくがわよしのぶ》は、急坂《きゅうざか》を駆《か》けおりるように逃《に》げを打《う》ちはじめた。最後《さいご》の将軍《しょうぐん》らしく将兵《しょうへい》たちと戦場《せんじょう》に散華《さんげ》するといった覇気《はき》は、彼《かれ》に望《のぞ》むべくもなかった。

大坂城《おおさかじょう》を脱出《だっしゅつ》した慶喜《よしのぶ》を乗《の》せた開陽丸《かいようまる》は、紀州大島沖《きしゅうおおしまおき》で暴風《ぼうふう》に吹《ふ》かれ、一月十日《がっとおか》の暁《あかつき》には八丈島《はちじょうじま》の沖《おき》を漂《ただよ》った。ようやく風《かぜ》がおさまったので艦首《かんしゅ》を転《てん》じ、夕刻《ゆうこく》になって浦賀港《うらがこう》にはいることができた。それから品川沖《しながわおき》に至《いた》り、十二日《にち》の未明《みめい》、浜御殿《はまごてん》に上陸《じょうりく》した。

陸軍総裁《りくぐんそうさい》・勝海舟《かつかいしゅう》が浜《はま》の海軍所《かいぐんしょ》に駆《か》けつけ、会津《あいづ》・桑名両藩主《くわなりょうはんしゅ》に詳細《しょうさい》をたずねようとしたが、ふたりとも顔《かお》を土気色《つちけいろ》にして口《くち》をきかない。やっと板倉閣老《いたくらかくろう》から概略《がいりゃく》を聞《き》くことができた。午前《ごぜん》十一時《じ》すぎ慶喜《よしのぶ》は騎馬《きば》で江戸城《えどじょう》にはいる。彼《かれ》にとっては、はじめての江戸城《えどじょう》だった。

勝海舟《かつかいしゅう》と会計総裁《かいけいそうさい》・大久保一翁《おおくぼいちおう》らは、慶喜《よしのぶ》にひたすら謝罪恭順《しゃざいきょうじゅん》するほかないことを進言《しんげん》した。勘定奉行《かんじょうぶぎょう》・小栗上野介《おぐりこうずけのすけ》、海軍総裁《かいぐんそうさい》・榎本武揚《えのもとたけあき》らが主張《しゅちょう》するようにフランスの援助《えんじょ》を得《え》て抗戦《こうせん》するなどは内乱《ないらん》に外国軍《がいこくぐん》を介入《かいにゅう》させて国家《こっか》の破滅《はめつ》をまねくことになるので、それだけは避《さ》けたいというのだった。

「すでに事《こと》は終《お》わった」という敗北感《はいぼくかん》のなかに身《み》をひたしている慶喜《よしのぶ》に、その意思《いし》はもちろんない。恭順《きょうじゅん》を表明《ひょうめい》することに幕臣《ばくしん》たちからの批判《ひはん》、抵抗《ていこう》があることはわかっていたが、慶喜《よしのぶ》はあらゆるものをすてて、恭順《きょうじゅん》をつらぬくことがいまの自分《じぶん》が選択《せんたく》すべき唯一《ゆいいつ》の道《みち》だとの確信《かくしん》を抱《いだ》いていた。

二月十二日《がつにち》、慶喜《よしのぶ》は江戸城《えどじょう》を出《で》て、上野寛永寺大慈院《うえのかんえいじだいじいん》にはいり、謹慎待罪《きんしんたいざい》の姿勢《しせい》をとった。そして前将軍《ぜんしょうぐん》の未亡人静寛院宮《みぼうじんせいかんいんのみや》(もと皇女和宮《こうじょかずのみや》)に、その侍女錦小路《じじょにしきこうじ》をつうじ、「薩長勢《さっちょうぜい》の無謀《むぼう》な挑戦《ちょうせん》により、よんどころなく戦争《せんそう》におよんだことを、朝廷《ちょうてい》では反逆《はんぎゃく》と解《かい》されているので、ひとまず東帰《とうき》した。お会《あ》いしてくわしく説明《せつめい》したい」と、伝《つた》えた。

天璋院《てんしょういん》(十三代将軍《だいしょうぐん》 家定夫人《いえさだふじん》・篤子《とくこ》)は慶喜《よしのぶ》に会《あ》い、東帰《とうき》の次第《しだい》を聞《き》き、静寛院宮《せいかんいんのみや》を説《と》いてふたりを会《あ》わせた。これから慶喜《よしのぶ》の助命《じょめい》と徳川家《とくがわけ》の存続《そんぞく》を嘆願《たんがん》する運動《うんどう》がはじまるのである。

おなじころ朝廷《ちょうてい》に対《たい》しては上野《うえの》の輪王寺宮《りんのうじのみや》、静寛院宮《せいかんいんのみや》、尾張《おわり》の徳川慶勝《とくがわよしかつ》、越前《えちぜん》の松平《まつだいら》春嶽《しゅんがく》らも慶喜《よしのぶ》の助命《じょめい》と徳川家《とくがわけ》の存続運動《そんぞくうんどう》を進《すす》めた。しかし薩摩《さつま》の西郷《さいごう》らは現実的《げんじつてき》かつ非情《ひじょう》な態度《たいど》をかくさないのである。

西郷《さいごう》は「甚《はなは》だもって不届千万《ふとどきせんばん》、是非《ぜひ》切腹《せっぷく》までには参《まい》り申《もう》さず候《そうろう》ては相済《あいす》まず」と大久保《おおくぼ》への手紙《てがみ》に書《か》き、大久保《おおくぼ》も「天地《てんち》の間容《かんい》るべからざる大罪《だいざい》なれば、天地《てんち》の間《あいだ》を退隠《たいいん》すべし」と、慶喜《よしのぶ》の処刑《しょけい》に賛成《さんせい》した。

しかし静寛院宮《せいかんいんのみや》による必死《ひっし》の助命運動《じょめいうんどう》や、まえから寛大《かんだい》な処分《しょぶん》をとなえていた岩倉《いわくら》や木《き》戸《ど》らの斡旋《あっせん》もあって、西郷《さいごう》らの慶喜《よしのぶ》死刑論《しけいろん》はしだいにやわらいでいった。

ハラキリ

慶応《けいおう》四年《ねん》一月《がつ》十一日《にち》(西暦《せいれき》二月四日《がつよっか》)といえば、鳥羽《とば》・伏見《ふしみ》の戦《たたか》いがはじまってすぐのころだが、神戸《こうべ》で厄介《やっかい》な事件《じけん》が起《お》きた。神戸事件《こうべじけん》、または備前事件《びぜんじけん》ともいう。神戸《こうべ》の外国人《がいこくじん》居留地付近《きょりゅうちふきん》で、西宮警備《にしのみやけいび》の岡山藩《おかやまはん》(備前藩《びぜんはん》)の兵士《へいし》と外国兵《がいこくへい》が衝突発砲《しょうとつはっぽう》した事件《じけん》である。

その日《ひ》は早朝《そうちょう》から備前兵《びぜんへい》が神戸《こうべ》を行進《こうしん》していた。京都《きょうと》では戦《たたか》いがはじまっていたので警備《けいび》のためである。

午後二時《ごごじ》ごろ、行列《ぎょうれつ》のまえを横《よこ》ぎった一名《めい》のアメリカ水兵《すいへい》を、備前兵《びぜんへい》が射殺《しゃさつ》した。生麦《なまむぎ》事件《じけん》にも似《に》た状況《じょうきょう》で、日本人《にほんじん》の考《かんが》え方《かた》からすれば、殺《ころ》されても仕方《しかた》がない無礼《ぶれい》な行為《こうい》だったのである。

しかしこれで興奮《こうふん》した備前兵《びぜんへい》たちは、あとで出会《であ》った外国人《がいこくじん》を片《かた》っぱしから殺害《さつがい》しようと、小銃《しょうじゅう》を撃《う》ちまくった。外国人《がいこくじん》はあわてて逃《に》げて行《い》く。さいわい大事《だいじ》にはいたらなかったが憤激《ふんげき》したアメリカ海兵隊《かいへいたい》が出動《しゅつどう》、またイギリス警備隊《けいびたい》も出動《しゅつどう》した。イギリス軍《ぐん》の半数《はんすう》は神戸《こうべ》から外国人居留地《がいこくじんきょりゅうち》へ通《つう》ずる入口《いりぐち》を占拠《せんきょ》し、のこりの半数《はんすう》は備前兵《びぜんへい》を追《お》って生田川《いくたがわ》まで進《すす》んで火《ひ》ぶたをきった。

イギリス軍《ぐん》の一斉射撃《いっせいしゃげき》を浴《あ》びて備前兵《びぜんへい》は河原《かわら》の畑《はたけ》のなかに逃《に》げこんだが、堤防《ていぼう》の下《した》からイギリス軍《ぐん》めがけて撃《う》ってきた。応戦《おうせん》すると備前兵《びぜんへい》は逃《に》げて行《い》きそれで戦闘《せんとう》はおさまった。捕虜《ほりょ》としてつれ帰《かえ》った人足《にんそく》の口《くち》から、備前兵《びぜんへい》は家老《かろう》の池田伊勢《いけだいさ》と日置帯刀《ひきたてわき》のひきいる部《ぶ》隊《たい》だということがわかった。

サトウは「備前藩士《びぜんはんし》によるこの不法行為《ふほうこうい》について満足《まんぞく》な釈明《しゃくめい》がないかぎり、諸外国《しょがいこく》はこれを日本全体《にほんぜんたい》に対《たい》する争《あらそ》いとする」という声明《せいめい》を出《だ》すようパークスに進言《しんげん》した。公使《こうし》が同《どう》意《い》したので、サトウはそれを日本語《にほんご》で書《か》き、捕虜《ほりょ》に持《も》たせ備前《びぜん》の陣中《じんちゅう》に届《とど》けるように命《めい》じて釈放《しゃくほう》した。

すぐには返事《へんじ》がこなかった。

イギリス軍《ぐん》は神戸《こうべ》、兵庫港《ひょうごこう》にいる筑前《ちくぜん》・久留米《くるめ》・宇和島《うわじま》・徳川《とくがわ》のものとおもわれる四隻《せき》の船《ふね》を拿捕《だほ》した。それが神戸事件《こうべじけん》の概略《がいりゃく》である。

一月《がつ》十四日午後《かごご》、薩摩藩《さつまはん》の五代才助《ごだいさいすけ》(友厚《ともあつ》)と長州藩《ちょうしゅうはん》の伊藤俊輔《いとうしゅんすけ》(博文《ひろぶみ》)が、パークス公使《こうし》のところに処刑人《しょけいにん》の命乞《いのちご》いにやってきた。

神戸事件《こうべじけん》の責任《せきにん》は、備前藩家老《びぜんはんかろう》・日置帯刀《ひきたてわき》の家臣《かしん》・滝善三郎《たきぜんざぶろう》にあるとし、彼《かれ》に切腹《せっぷく》させることになった。滝《たき》は隊長《たいちょう》として銃撃《じゅうげき》を命《めい》じたのだという。

「滝《たき》はいさぎよく罪《つみ》に服《ふく》すといっている。イギリス公使《こうし》から助命《じょめい》を願《ねが》い出《で》てもらえるなら、彼《かれ》は死《し》をまぬがれることになるが」

というのである。

パークスはそうしてやってもよいという態度《たいど》を見《み》せた。イギリス軍《ぐん》の被害《ひがい》はないのだし、まもなく権力《けんりょく》の基礎《きそ》をかためる薩長《さっちょう》の意向《いこう》にそっておくのがよいのではないかと思《おも》う。

「それはいけません。殺《ころ》されたのがイギリス人《じん》でなくても、これは在留外国人《ざいりゅうがいこくじん》すべての問《もん》題《だい》です。今後《こんご》のこともあるので、見《み》せしめとしても責任者《せきにんしゃ》を厳重《げんじゅう》に処罰《しょばつ》する必要《ひつよう》がありますす」

そのサトウの意見《いけん》に、同僚《どうりょう》の通訳官《つうやくかん》ミッドフォードも賛成《さんせい》したが、パークスは黙《だま》っていた。

問題《もんだい》は外国公使《がいこくこうし》のあいだで論議《ろんぎ》された。その席《せき》でもパークス公使《こうし》は寛大《かんだい》な処置《しょち》を主張《しゅちょう》したが、会議《かいぎ》は三時間《じかん》もかかって、宣告《せんこく》どおりに執行《しっこう》するという結論《けつろん》に達《たっ》した。

準備《じゅんび》はととのっていたので、滝善三郎《たきぜんざぶろう》の切腹《せっぷく》はその夜《よる》のうちにおこなわれることになり、立《た》ち会《あ》ってほしいといってきたが、パークスは拒絶《きょぜつ》したのでサトウとミッドフォードが、兵庫《ひょうご》の永福寺《えいふくじ》にむかった。

空色《そらいろ》の麻上下《あさかみしも》（裃《かみしも》）を着《き》た滝《たき》が、陣羽織《じんばおり》を着《き》た介錯人《かいしゃくにん》に付《つ》き添《そ》われてあらわれ、日本側《にほんがわ》立会人《たちあいにん》のまえに平伏《へいふく》すると、立会人《たちあいにん》たちは立《た》ちあがって会釈《えしゃく》を返《かえ》した。次《つぎ》にサトウら外国《がいこく》人立会人《じんたちあいにん》ともおなじ儀礼《ぎれい》がかわされる。

滝《たき》が赤《あか》い毛氈《もうせん》を敷《し》いた切腹《せっぷく》の座《ざ》につくと、紙《かみ》につつんだ短刀《たんとう》を載《の》せた小《ちい》さい白木《しらき》の台《だい》がおかれた。滝《たき》は短刀《たんとう》を両手《りょうて》にとって、額《ひたい》のあたりまでおしいただき、一礼《いちれい》して下《した》においた。それから口《くち》をひらいた。

「去《さ》る一月《がつ》十一日《にち》、神戸《こうべ》で逃《に》げようとする外国人《がいこくじん》に対《たい》し不法《ふほう》にも発砲《はっぽう》を命《めい》じたのは、この自分《じぶん》にまちがいない。この罪《つみ》によって切腹《せっぷく》するので、みなさまに見届《みとど》けていただきたい」

じつにおちついた声《こえ》でいうと、両腕《りょううで》を袖《そで》からひっこめて、もろ肌脱《はだぬ》ぎとなり、長《なが》い袖《そで》の端《はし》を両足《りょうあし》の下《した》にひいて、からだがうしろに倒《たお》れないようにした。

こうして臍《へそ》の下《した》まで裸《はだか》となり、短刀《たんとう》の切《き》っ先近《さきちか》くを右手《みぎて》ににぎり、胸《むね》と腹《はら》の上《うえ》をなでながら、深《ふか》く突《つ》き刺《さ》して、右《みぎ》のわき腹《はら》までひいた。下腹《したはら》に帯《おび》をしめているので、傷《きず》は見《み》えなかった。

滝善三郎《たきぜんざぶろう》はそれから、頸《くび》にうまく刀《かたな》があたるように頭《あたま》をのばし、ゆっくり上体《じょうたい》をまえにかがめた。

介錯人《かいしゃくにん》が急《きゅう》に立《た》ちあがって、すでに抜《ぬ》きはなっていた刀《かたな》をふりあげて、斬《き》りおろした。

その音《おと》はそこに居並《いなら》ぶ人々《ひとびと》の耳《みみ》に、雷鳴《らいめい》のような衝撃《しょうげき》を伝《つた》えた。

——サムライとはこのようなものだ。

硬直《こうちょく》したサトウの背筋《せすじ》を電流《でんりゅう》のような感動《かんどう》が走《はし》った。

この死刑執行《しけいしっこう》はイギリスの新聞《しんぶん》でも報《ほう》じられ、それに立《た》ち会《あ》ったのは、キリスト教徒《きょうと》としてけしからぬと、サトウとミッドフォードを非難《ひなん》した。

「ハラキリ」は嫌《いや》な見《み》せ物《もの》として、それに臨席《りんせき》したことを責《せ》めているのだが、サトウは、激《はげ》しく反発《はんぱつ》した。


わたしはむしろ自分《じぶん》が全力《ぜんりょく》をつくして実行《じっこう》させたこの刑罰《けいばつ》の立会《たちあ》いに尻《しり》ごみしなかったことを、かえって誇《ほこ》りに思《おも》っている。

切腹《せっぷく》は嫌《いや》な見《み》せ物《もの》ではなく、きわめて上品《じょうひん》な礼儀《れいぎ》正《ただ》しいひとつの儀式《ぎしき》で、イギリス人《じん》がよくニューゲート監獄《かんごく》のまえで公衆《こうしゅう》の娯楽《ごらく》のために催《もよお》すものよりも、はるかに厳粛《げんしゅく》なものだ。

（アーネスト・サトウ著《ちょ》『一外交官《いちがいこうかん》の見《み》た明治維新《めいじいしん》』坂田精一《さかたせいいち》訳《やく》）

徹底的《てっていてき》に「日本《にほん》」を知《し》りたいと願《ねが》っているサトウにとっては、歌舞伎《かぶき》も、茶《ちゃ》の湯《ゆ》も能《のう》も、頼山陽《らいさんよう》の『日本外史《にほんがいし》』を読《よ》むことも、そしてサムライの切腹《せっぷく》を見学《けんがく》するのも日本文化《にほんぶんか》の神《しん》髄《ずい》にアプローチすることだった。

サトウはマルコポーロや、シーボルトを超《こ》え、世界一《せかいいち》の「日本学《にほんがく》」の大家《たいか》となることを志《こころざ》していた。彼《かれ》はそのようにして「日本学《にほんがく》」を深《ふか》めるごとに、この国《くに》に対《たい》する敬愛《けいあい》の念《ねん》を深《ふか》めていった。

パークス公使《こうし》襲《おそ》われる

鳥羽《とば》・伏見《ふしみ》の戦《たたか》いからはじまった戊辰戦争《ぼしんせんそう》は、北《きた》に戦線《せんせん》をのばしていく。榎本武揚《えのもとたけあき》は新選組《しんせんぐみ》の残党《ざんとう》はじめ幕軍《ばくぐん》をまとめて箱館五稜郭《はこだてごりようかく》にはいり、新政府《しんせいふ》に抵抗《ていこう》している。

イギリス、アメリカ、オランダ、フランス、イタリア、プロシアの六カ国《こく》が、局外中立《きよくがいちゆうりつ》を宣言《せんげん》した。

これはパークスの主導《しゆどう》によるもので、フランスを牽制《けんせい》する意味《いみ》もふくんでいる。薩長《さつちよう》をイギリス、幕府《ばくふ》をフランスがあとおしする状況《じようきよう》ははやくからのものだったが、幕府《ばくふ》の旗色《はたいろ》がわるくなってからはフランスも相当《そうとう》に腰《こし》がひけてきた。

薩長《さつちよう》を中心《ちゆうしん》とする新政府《しんせいふ》ができあがるとなれば、サトウが『英国策論《えいこくさくろん》』に描《えが》いた青写真《あおじやしん》どおりに事《こと》ははこんだわけだ。

武器《ぶき》や軍資金《ぐんしきん》は提供《ていきよう》すると申《もう》し出《で》て、徳川慶喜《とくがわよしのぶ》からことわられもしているフランスが、このうえおかしなうごきをしてくれても厄介《やつかい》だ。

このさいは各国《かっこく》が中立《ちゅうりつ》の立場《たちば》をとってくれるのがイギリスとしては好都合《こうつごう》だった。そうした政治《せいじ》工作《こうさく》はパークスの得意《とくい》とするところだが、そこはサトウという有能《ゆうのう》な助手《じょしゅ》がいてうまくはこんだのである。

彼《かれ》の領事《りょうじ》職《しょく》昇格《しょうかく》をはばんで、いつまでも通訳官《つうやくかん》にしておくというのも、サトウを手許《てもと》からはなすまいとするパークスのずるいやり方《かた》だった。

パークスとサトウは、いわば絶妙《ぜつみょう》のコンビを組《く》むイギリスの外交官《がいこうかん》として幕末《ばくまつ》の日本《にほん》で活躍《かつやく》したのだが、ふたりの人間関係《にんげんかんけい》はしだいに冷《ひ》えきったものになっていった。

戊辰戦争《ぼしんせんそう》たけなわのころの慶応《けいおう》四年《ねん》二月《がつ》三十日《にち》(西暦《せいれき》三月《がつ》二十三日《にち》)、京都御所《きょうとごしょ》で天皇《てんのう》がイギリス・フランス両公使《りょうこうし》とオランダ領事《りょうじ》と謁見《えっけん》しようという。

抵抗勢力《ていこうせいりょく》は騒《さわ》いでいるが、新《あたら》しい政治《せいじ》体制《たいせい》はととのっていることを外国《がいこく》にしめそうというのだろう。

その日《ひ》、例《れい》によってサトウは日本語《にほんご》書記官《しょきかん》としてパークス公使《こうし》に付添《つきそ》い、京都《きょうと》に行《い》き宿舎《しゅくしゃ》の知恩院《ちおんいん》にはいった。

フランス公使《こうし》のロッシュとオランダの外交事務官《がいこうじむかん》ポルスブルックの一行《いっこう》が皇居《こうきょ》にむかって出発《しゅっぱつ》、最後《さいご》にイギリス公使《こうし》が出発《しゅっぱつ》した。控《ひか》えの間《ま》でおち合《あ》い、天皇《てんのう》の面前《めんぜん》に案内《あんない》されるはずだった。

謁見《えっけん》のおこなわれる紫宸殿《ししんでん》は間口《まぐち》三十六ヤード(約《やく》三十二メートル)、奥行《おくゆ》き二十八ヤード(約《やく》二十五メートル)だと、あらかじめ説明《せつめい》があった。

床《ゆか》は板張《いたば》りで、天皇《てんのう》の高座《こうざ》と天蓋《てんがい》(貴人《きじん》や仏像《ぶつぞう》の上《うえ》にかざす笠状《かさじょう》の飾《かざ》り)があり、それよりすこし低《ひく》めの高座《こうざ》が公使《こうし》たちのため特別《とくべつ》に設《もう》けてあるという。

「大名《だいみょう》でも謁見《えっけん》を許《ゆる》されるときは、裸《はだか》の板敷《いたじ》きの上《うえ》にひざまずくので、公使《こうし》の方々《かたがた》もそうしていただきます」

と役人《やくにん》がいった。

午後《ごご》一時《いちじ》、イギリス公使《こうし》一行《いっこう》は知恩院《ちおんいん》を出発《しゅっぱつ》、一路《いちろ》皇居《こうきょ》にむかった。

騎馬《きば》の護衛兵《ごえいへい》が先導《せんどう》し、イギリスの警視《けいし》ピーコックと中井弘蔵《なかいこうぞう》が行列《ぎょうれつ》の先頭《せんとう》に立《た》った。そのあとからパークスと後藤象二郎《ごとうしょうじろう》、サトウとブラッドショー中尉《ちゅうい》、さらに第九連隊第二大隊《だいれんたいだいにだいたい》の分遣隊《ぶんけんたい》、そのあとから医師《いし》のウイリス、そしてサトウの同僚《どうりょう》で通訳官《つうやくかん》をつとめていたミッドフォードは馬《うま》に乗《の》れないので駕籠《かご》に乗《の》り、それからパークス公使《こうし》について上京《じょうきょう》した海軍士官《かいぐんしかん》五名《めい》というにぎやかな一行《いっこう》だった。

知恩院《ちおんいん》の正門《せいもん》から走《はし》っている縄手《なわて》という大通《おおどお》りをその端《はし》まで行《い》き、騎馬護衛兵《きばごえいへい》の最後《さいご》の者《もの》が角《かど》を右《みぎ》に曲《ま》がろうとしたとたん、往来《おうらい》のむこう側《がわ》からふたりの男《おとこ》が飛《と》び出《だ》してきた。彼《かれ》らは日本刀《にほんとう》をきらめかせて、行進中《こうしんちゅう》の人馬《じんば》をめがけて襲《おそ》いかかった。行列《ぎょうれつ》にそって走《はし》りながら、狂気《きょうき》のようにばたばたと斬《き》りまくった。

サトウは平然《へいぜん》として、立《た》ち騒《さわ》ぐ人々《ひとびと》を馬上《ばじょう》から見《み》おろしていた。

中井弘蔵《なかいこうぞう》が馬《うま》から飛《と》びおり、刀《かたな》を抜《ぬ》いて列《れつ》の右手《みぎて》の男《おとこ》と、斬《き》りむすんだ。相手《あいて》はなかなか手《て》ごわく、打《う》ち合《あ》っているうちに、中井《なかい》は礼式用《れいしきよう》にはく、だぶだぶの袴《はかま》が足《あし》にからんで、仰向《あおむ》けに倒《たお》れてしまった。

敵《てき》はここぞとばかり襲《おそ》いかかり、中井《なかい》の首《くび》をねらって斬《き》りおろしたが、彼《かれ》はころんだまま身《み》をかわした。敵刀《てきとう》はわずかに頭皮《とうひ》をかすっただけで、瞬間《しゅんかん》、中井《なかい》の刀《かたな》の切《き》っ先《さき》が、男《おとこ》の胸《むね》を刺《さ》しつらぬいた。

ひるんだ男《おとこ》が背中《せなか》をむけたとき、駆《か》けつけた後藤象二郎《ごとうしょうじろう》が、彼《かれ》の肩《かた》に一太刀《ひとたち》浴《あ》びせかけた。男《おとこ》はそのまま地上《ちじょう》にぶっ倒《たお》れた。中井《なかい》は跳《は》ね起《お》きて、男《おとこ》の首《くび》を一刀《いっとう》のもとに打《う》ちおとした。

そのときまだ角《かど》を曲《ま》がりきっていなかったパークスとサトウに、もうひとりの刺客《しかく》が左《ひだり》手《て》から襲《おそ》ってきた。サトウは急《きゅう》に馬首《ばしゅ》をめぐらせて、危機一髪《ききいっぱつ》、相手《あいて》の一撃《いちげき》を避《さ》けたが、彼《かれ》の膝先《ひざさき》にあたる馬《うま》の肩《かた》を五、六センチばかりも斬《き》られた。

　サトウはとっさにいななく馬《うま》の手綱《たづな》をとり、行列《ぎょうれつ》の先頭《せんとう》にむかって走《はし》らせた。一方《いっぽう》、特《とく》命全権公使《めいぜんけんこうし》の燦然《さんぜん》とした正装《せいそう》に身《み》をかざったパークスは、警視《けいし》ピーコックをそばにひかえさせ、馬上悠々道路《ばじょうゆうゆうどうろ》の真《ま》ん中《なか》にいる。

　そのまわりは第九連隊第二大隊《だいれんたいだいだいたい》の歩兵警備隊《ほへいけいびたい》が守《まも》っていたが、刺客《しかく》はこれを襲《おそ》ってひとりの頭部《とうぶ》に斬《き》りつけて、重傷《じゅうしょう》を負《お》わせた。さらにパークスを襲《おそ》おうとして踏《ふ》み出《だ》そうとする男《おとこ》の小股《こまた》をひとりの兵士《へいし》がすくった。

　倒《たお》れたところを、もうひとりの兵士《へいし》が銃剣《じゅうけん》で突《つ》き刺《さ》した。男《おとこ》は起《お》きあがって、よろよろと歩《ある》いて、一軒《いっけん》の家《いえ》に逃《に》げこもうとした。

　それをブラッドショー中尉《ちゅうい》が見《み》つけ、頭部《とうぶ》をめがけて拳銃《けんじゅう》を発射《はっしゃ》した。弾丸《だんがん》は下顎《したあご》のつけ根《ね》にあたり、男《おとこ》は庭《にわ》に倒《たお》れて気《き》をうしなった。

　負傷《ふしょう》は護衛《ごえい》九名《めい》、第九連隊第二大隊警護兵《だいれんたいだいだいたいけいごへい》一名《めい》、それに中井弘蔵《なかいこうぞう》とパークス公使《こうし》の日本《にほん》人馬丁《じんばてい》の計《けい》十二名《めい》だった。負傷者《ふしょうしゃ》が出《で》たので、いったん知恩院《ちおんいん》にひき返《かえ》した。

　ブラッドショー中尉《ちゅうい》が撃《う》った男《おとこ》はまだ生《い》きていたので、逮捕《たいほ》して監視《かんし》し、斬《き》り殺《ころ》したもうひとりの首《くび》は、桶《おけ》にいれて中井《なかい》が自分《じぶん》のそばにおいた。その刺客《しかく》は京都代官小堀数馬《きょうとだいかんこぼりかずま》の家来《けらい》ということがわかった。

彼《かれ》の首《くび》は恐《おそ》ろしい形相《ぎょうそう》をしており、頭蓋骨《ずがいこつ》の三角形《さんかくけい》の切《き》れ目《め》から、脳味噌《のうみそ》がはみ出《だ》していた。

フランス、オランダの一行《いっこう》はイギリス公使《こうし》の到着《とうちゃく》が遅《おそ》いので、一足先《ひとあしさき》に天皇謁見《てんのうえっけん》をすませて帰《かえ》って行《い》った。

それにしてもこの時期《じき》になって、外国人《がいこくじん》を襲《おそ》う攘夷主義《じょういしゅぎ》がまだ、はびこっているのは不《ふ》思議《しぎ》なことだったが、これから先《さき》も油断《ゆだん》はできない。

パークス遭難《そうなん》の報《ほう》は、まもなく宮中《きゅうちゅう》に達《たっ》した。これまで勤王派《きんのうは》の味方《みかた》であったイギリス公使《こうし》に、狂信的《きょうしんてき》な襲撃《しゅうげき》がくわえられたことを知《し》った朝廷《ちょうてい》のあわてぶりはひどいものだった。公家《くげ》の徳大寺《とくだいじ》実則《さねつね》・越前藩主《えちぜんはんしゅ》松平春嶽《まつだいらしゅんがく》・肥前藩主《ひぜんはんしゅ》鍋島直大《なべしまなおひろ》らが宿舎《しゅくしゃ》の知恩院《ちおんいん》にやってきて、天皇《てんのう》がいたく憂慮《ゆうりょ》されていることを伝《つた》えた。

これまで狂信者《きょうしんしゃ》による〝異人襲撃《いじんしゅうげき》〟は他人《たにん》のこととして、その始末《しまつ》だけを日本側《にほんがわ》と何度《なんど》も交渉《こうしょう》してきたが、自分《じぶん》の身《み》に降《ふ》りかかってきたのが、パークスとしては、まるで悪夢《あくむ》のようだった。

イギリス公使館《こうしかん》は日本側《にほんがわ》の謝罪《しゃざい》を文書《ぶんしょ》のかたちでとることを要求《ようきゅう》し、また外国人殺害《がいこくじんさつがい》の目的《もくてき》で襲撃《しゅうげき》をおこなったサムライには、自分《じぶん》の手《て》で立派《りっぱ》に切腹《せっぷく》することを許《ゆる》さずに、恥辱《ちじょく》的《てき》な斬首《ざんしゅ》の刑《けい》を課《か》すような法律《ほうりつ》をつくらなければならないと力説《りきせつ》した。

事件《じけん》が解決《かいけつ》したので、パークスは天皇《てんのう》に謁見《えっけん》することを承諾《しょうだく》し、三日後《みっかご》、皇居《こうきょ》に参内《さんだい》した。この日《ひ》の行列《ぎょうれつ》は簡素《かんそ》なものとなり、沿道《えんどう》の警戒《けいかい》はものものしいものだった。

天皇《てんのう》からは「貴国君主《きこくくんしゅ》の健在《けんざい》を願《ねが》う。両国《りょうこく》の交際《こうさい》がますます親睦《しんぼく》をくわえ、永久不変《えいきゅうふへん》のものとなることを希望《きぼう》する。皇居参向《こうきょさんこう》の節《ふし》、生《しょう》じた不幸《ふこう》な事件《じけん》を深《ふか》く遺憾《いかん》とする」という意味《いみ》の言葉《ことば》があった。

これに対《たい》してパークス公使《こうし》は「陛下《へいか》、女王陛下《じょおうへいか》は健在《けんざい》でおられます。貴陛下《きへいか》のおたずねと友誼《ゆうぎ》（友情《ゆうじょう》）の保証《ほしょう》をわが政府《せいふ》に報告《ほうこく》することは、わたくしの大《おお》いなるよろこびとするものであります。本月《ほんげつ》十三日《にち》、わたくしに対《たい》しておこなわれた襲撃《しゅうげき》について、陛下《へいか》が進《すす》んで言及《げんきゅう》された態度《たいど》に深《ふか》く感銘《かんめい》するものであります。これに関《かん》する記憶《きおく》は、陛下《へいか》が本日《ほんじつ》、わたくしにあたえられた丁重《ていちょう》な応接《おうせつ》によって、ぬぐい去《さ》られるでありましょう」と答《こた》えた。

捕《と》らえられた大和浄蓮寺《やまとじょうれんじ》の僧《そう》・三枝蓊《さえぐさしげる》は、二十七日《にち》に処刑《しょけい》された。

このパークス襲撃事件《しゅうげきじけん》は、三カ月後《げつご》、フランスの新聞《しんぶん》「ル・モンド・イリュストレ」に、さし絵《え》つきで大《おお》きく報《ほう》じられ、世界《せかい》じゅうの注目《ちゅうもく》をあびた。

江戸《えど》総攻撃《そうこうげき》

慶喜《よしのぶ》は実家《じっか》の水戸《みと》藩《はん》で謹慎《きんしん》することを希望《きぼう》したが、備前藩《びぜんはん》おあずけということになりそうだった。備前《びぜん》よりやはり水戸《みと》がよいと慶喜《よしのぶ》がこだわるので、勝海舟《かつかいしゅう》らが嘆願書《たんがんしょ》をつくって、新政府《しんせいふ》の西郷《さいごう》に懇願《こんがん》した。

慶応《けいおう》四年《ねん》三月《がつ》十三日《にち》、勝海舟《かつかいしゅう》はその嘆願書《たんがんしょ》をもって江戸《えど》高輪《たかなわ》の薩摩《さつま》藩邸《はんてい》に西郷《さいごう》を訪《たず》ねた。嘆願書《たんがんしょ》の内容《ないよう》は、徳川慶喜《とくがわよしのぶ》の備前藩《びぜんはん》おあずけの問題《もんだい》だけでなく、ただちに幕軍《ばくぐん》の武装《ぶそう》を解《かい》除《じょ》するのではなく、治安上必要《ちあんじょうひつよう》な兵器《へいき》・人員《じんいん》はのこしておきたい。そして江戸《えど》総攻撃《そうこうげき》は延《えん》期《き》してもらい、また慶喜《よしのぶ》の行動《こうどう》（鳥羽《とば》・伏見《ふしみ》の戦《たたか》い）をたすけた幕臣《ばくしん》には特別《とくべつ》の温情《おんじょう》で、寛大《かんだい》な処置《しょち》をお願《ねが》いしたいといったことなどをふくんでいる。

この嘆願書《たんがんしょ》は、まえに西郷《さいごう》がしめした無条件降伏《むじょうけんこうふく》の徳川処分案《とくがわしょぶんあん》にくらべると、多少《たしょう》はムシのよい条件《じょうけん》つきの強気《つよき》なものになっている。

その夜《よる》、サトウは海舟《かいしゅう》の家《いえ》を訪《たず》ねた。以前《いぜん》、海舟《かいしゅう》が軍艦奉行《ぐんかんぶぎょう》をつとめているころ、幕府《ばくふ》の軍艦《ぐんかん》「開陽《かいよう》」の外国人教官《がいこくじんきょうかん》のことで、横浜《よこはま》の公使館《こうしかん》にパークスを訪《たず》ねたとき、通訳《つうやく》したのがサトウだった。それ以来《いらい》のつきあいである。

「今日《きょう》、パークスさんと長州《ちょうしゅう》の木梨《きなし》さんが会《あ》いました」

サトウがいった。木梨《きなし》とは新政府《しんせいふ》の東海道征討軍参謀《とうかいどうせいとうぐんさんぼう》などをつとめた長州藩士《ちょうしゅうはんし》である。

「ほう、長州《ちょうしゅう》の木梨《きなし》が会《あ》いに行《い》ったのですか」

「いや、パークスさんが、横浜《よこはま》に彼《かれ》を呼《よ》んだのです」

「どんな話《はなし》をしておりましたか」

海舟《かいしゅう》が身《み》をのり出《だ》した。

「パークスさんが、勝《かつ》さんに知《し》らせておけといいましたので、今日《きょう》やってきたのです。あなたたちにとって、わるい話《はなし》ではありません」

サトウは笑《わら》いながら江戸総攻撃《えどそうこうげき》が延期《えんき》になるかもしれないので、日本人《にほんじん》の側《がわ》もしっかり足《あし》がためをしてもらいたいというパークス公使《こうし》の言葉《ことば》を伝《つた》えた。

パークスは政府軍《せいふぐん》が江戸《えど》を攻撃《こうげき》して戦争《せんそう》になったとき、横浜居留地《よこはまきょりゅうち》の安全《あんぜん》が脅《おびや》かされるのではないかという懸念《けねん》を木梨《きなし》に伝《つた》え、徳川慶喜《とくがわよしのぶ》が恭順《きょうじゅん》の態度《たいど》を見《み》せているのに、これを討伐《とうばつ》するのは『万国公法《ばんこくこうほう》』にもそむくことになるといっているという。

イギリスが横浜《よこはま》で盛《さか》んにやっている生糸貿易《きいとぼうえき》にもさしつかえるのでこまるというのが本音《ほんね》だった。

つまりイギリスとしては、江戸《えど》総攻撃《そうこうげき》に反対《はんたい》の意向《いこう》を新政府《しんせいふ》の総督府《そうとくふ》に対《たい》して表明《ひょうめい》したのである。政府軍《せいふぐん》が総攻撃《そうこうげき》を強行《きょうこう》すれば、イギリス艦隊《かんたい》も黙《だま》って見《み》てはいないぞと牽制《けんせい》しているのだ。

「横浜《よこはま》に入港《にゅうこう》している英国東《えいこくひがし》インド艦隊《かんたい》がにらみをきかせていますよ、総督府《そうとくふ》の西郷《さいごう》さんと、しっかり交渉《こうしょう》してください」

海舟《かいしゅう》をはげましてサトウは帰《かえ》って行《い》く。

このころ前将軍徳川慶喜《ぜんしょうぐんとくがわよしのぶ》の処置《しょち》は、死刑《しけい》をとりやめて謹慎《きんしん》と決《き》まっていたが、いよいよ幕府《ばくふ》の本拠《ほんきょ》である江戸《えど》を総攻撃《そうこうげき》するという最後《さいご》の段階《だんかい》にさしかかっている。

江戸《えど》の街《まち》を火《ひ》の海《うみ》にするようなことは、なんとしても避《さ》けたいという、海舟《かいしゅう》ら旧幕府《きゅうばくふ》の人々《ひとびと》の思《おも》いと、江戸《えど》の街《まち》が壊滅《かいめつ》して横浜《よこはま》の貿易事業《ぼうえきじぎょう》がだめになるのを憂《うれ》えるイギリスの立場《たちば》が一致《いっち》しているのだった。

翌日《よくじつ》、海舟《かいしゅう》はふたたび薩摩屋敷《さつまやしき》を訪《たず》ねた。

「江戸《えど》総攻撃《そうこうげき》は延期《えんき》することになりもした」

海舟《かいしゅう》の顔《かお》を見《み》るとすぐに、西郷《さいごう》がいった。海舟《かいしゅう》はその足《あし》ですぐ登城《とじょう》して総攻撃延期《そうこうげきえんき》の決《けっ》定《てい》を告《つ》げ、ひとまず安心《あんしん》させて退出《たいしゅつ》した。

三月《がつ》二十六日《にち》、海舟《かいしゅう》は横浜《よこはま》でパークスや東《ひがし》インド艦隊司令長官《かんたいしれいちょうかん》ケッペル中将《ちゅうじょう》と会《あ》って、江戸《えど》総攻撃《そうこうげき》を中止《ちゅうし》するよう西郷《さいごう》に圧力《あつりょく》をかけてもらいたいと要請《ようせい》した。

「できるだけのことはやりましょう」

パークスは、こころよく頷《うなず》いた。

「東《ひがし》インド艦隊《かんたい》は、いつまで停泊《ていはく》しているのですか」

と海舟《かいしゅう》はケッペル中将《ちゅうじょう》にたずねた。

「近《ちか》く出航《しゅっこう》します」

「政府軍《せいふぐん》ににらみをきかせてもらいたいので、もうしばらく、停泊《ていはく》することはできませんか」

「一隻《せき》だけなら一カ月《げつ》ばかりアイアンデューク号《ごう》をのこすことにしよう」

そう約束《やくそく》してくれた。それは艦隊《かんたい》ご自慢《じまん》の甲鉄艦《こうてつかん》である。

――江戸《えど》を総攻撃《そうこうげき》したら、ただではすまぬぞ。

イギリス海軍《かいぐん》が横浜沖《よこはまおき》からにらみをきかす緊迫《きんぱく》した状況《じょうきょう》のなかで、西郷《さいごう》と海舟《かいしゅう》による談《だん》判《ぱん》はおこなわれた。結果《けっか》は、ほぼサトウが予想《よそう》したとおりだった。

江戸城明《えどじょうあ》け渡《わた》しは、四月《がつ》十一日《にち》と決《き》まる。

江戸《えど》が戦火《せんか》を避《さ》け得《え》たのは、イギリスからの圧力《あつりょく》あっての結果《けっか》ではあるが、そこに活躍《かつやく》した人々《ひとびと》の努力《どりょく》が実《み》をむすんだことはまちがいない。それはかけひきというのではなく、英傑《えいけつ》というにふさわしいふたりの人格《じんかく》からにじみ出《で》る政治的英知《せいじてきえいち》の結実《けつじつ》というものだろう。

また絶対恭順《ぜったいきょうじゅん》のうごかぬ意思《いし》をつらぬいた慶喜《よしのぶ》の姿勢《しせい》が、幕臣勝海舟《ばくしんかつかいしゅう》らを力《ちから》づけることにもなった。幕府《ばくふ》の終焉《しゅうえん》を彩《いろど》る江戸《えど》無《む》血開城《けつかいじょう》に果《は》たした、慶喜《よしのぶ》の最後《さいご》の役割《やくわり》だったといえなくもない。

田安亀之助《たやすかめのすけ》（家達《いえたつ》）に譲《ゆず》った徳川宗家《とくがわそうけ》は駿府《すんぷ》七十万石《まんごく》を封《ふう》じられて、家康以来《いえやすいらい》の血脈《けつみゃく》はたもたれた。

慶喜《よしのぶ》は死《し》をまぬがれ、いったん希望《きぼう》どおり水戸《みと》で謹慎《きんしん》したが、のちに徳川家《とくがわけ》の新領地《しんりょうち》の駿府《すんぷ》（静岡県《しずおかけん》）におちついた。その後《ご》、東京《とうきょう》に移《うつ》る。

江戸開城後《えどかいじょうご》、彰義隊《しょうぎたい》の乱《らん》を経《へ》て日本列島《にほんれっとう》を縦断《じゅうだん》する戦火《せんか》がひろがった。戊辰《ぼしん》の戦乱《せんらん》がおさまったのは、箱館五稜郭《はこだてごりょうかく》に立《た》てこもった最後《さいご》の幕軍《ばくぐん》が降伏《こうふく》した明治《めいじ》二（一八六九）年《ねん》五月《がつ》だった。

さらば西郷《さいごう》

戊辰戦争《ぼしんせんそう》が終《お》わってからのおよそ十年間《ねんかん》は、日本《にほん》が近代国家《きんだいこっか》に生《う》まれかわるための試練《しれん》をうける多難《たなん》な歳月《さいげつ》だった。

薩長《さっちょう》を応援《おうえん》し、『英国策論《えいこくさくろん》』をかかげて明治維新《めいじいしん》に深《ふか》く関《かか》わったイギリス公使館《こうしかん》のパークス公使《こうし》、サトウ通訳官《つうやくかん》は、そのまま在日《ざいにち》して、新《あたら》しい日英国交《にちえいこっこう》に重要《じゅうよう》な役割《やくわり》を果《は》たした。しかし以前《いぜん》のような行《ゆ》き詰《づ》まる状況《じょうきょう》から解《と》きはなされて、それなりに日本《にほん》での生活《せいかつ》を楽《たの》しむ日々《ひび》はあった。パークスもサトウも休暇《きゅうか》をもらって、時折《ときおり》はイギリスに帰国《きこく》した。

サトウが日本人女性《にほんじんじょせい》と結婚《けっこん》したことも、話《はな》さなければならないが、これは次《つぎ》の第《だい》六章《しょう》にゆずって、まずは幕府《ばくふ》が倒《たお》れてからのめまぐるしい時《とき》の流《なが》れと、アーネスト・サトウの日《に》本《ほん》における足跡《そくせき》を追《お》ってみよう。

明治新政府《めいじしんせいふ》がかかえた難問《なんもん》は多《おお》いが、まずは不平士族《ふへいしぞく》の騒乱《そうらん》である。封建制度《ほうけんせいど》の崩壊《ほうかい》で、特権階級《とっけんかいきゅう》だったサムライは収入《しゅうにゅう》の道《みち》を断《た》たれた。それに不平《ふへい》をとなえたのが不平士族《ふへいしぞく》で、彼《かれ》らは刀《かたな》を持《も》ち歩《ある》くことを禁《きん》ずる脱刀令《だつとうれい》に反対《はんたい》し、チョンマゲを切《き》る断髪令《だんぱつれい》にも日本《にほん》の伝統《でんとう》をこわすものとして異論《いろん》をとなえた。

不平士族《ふへいしぞく》は、西日本各地《にしにほんかくち》に分散《ぶんさん》してうごめいた。

佐賀《さが》の乱《らん》、萩《はぎ》の乱《らん》、秋月《あきづき》の乱《らん》と続発《ぞくはつ》した不平士族《ふへいしぞく》の反乱《はんらん》は、最後《さいご》に明治《めいじ》十(一八七七)年《ねん》の西南戦争《せいなんせんそう》で大爆発《だいばくはつ》した。

休暇《きゅうか》で帰国《きこく》していたサトウが、任地《にんち》にもどってきたのは、明治《めいじ》六年《ねん》の政変《せいへん》で官職《かんしょく》を辞《じ》し、薩摩《さつま》に帰《かえ》った西郷隆盛《さいごうたかもり》を擁《よう》した鹿児島《かごしま》の士族《しぞく》が蜂起《ほうき》する直前《ちょくぜん》である。

サトウは明治《めいじ》十(一八七七)年《ねん》一月《がつ》二十八日《にち》、長崎《ながさき》に帰着《きちゃく》した。

それから二月三日《がつみっか》には鹿児島《かごしま》にはいった。鹿児島《かごしま》に居《きょ》を定《さだ》めている公使館《こうしかん》の医師《いし》で親友《しんゆう》だったウイリスを訪《たず》ねるためだった。

それは表《おもて》むきのことで、サトウは急《きゅう》を告《つ》げる新政府《しんせいふ》と薩摩《さつま》の関係《かんけい》を仲介《ちゅうかい》できないか、西郷《さいごう》にあたってみようという下心《したごころ》を抱《いだ》いていたのだが、ウイリスの話《はなし》を聞《き》くと、すでにどうしようもない状態《じょうたい》にあることがわかった。

「西郷《さいごう》を暗殺《あんさつ》にきた密偵《みってい》がふたり、捕《つか》まっている」

「刺客《しかく》はだれが、はなったのだろう」

「大警視《だいけいし》・川路利良《かわじとしよし》の手下《てした》らしい」

西郷《さいごう》を擁《よう》して暴発《ぼうはつ》しようとするうごきは、はやくから東京《とうきょう》に伝《つた》わっている。それで政府《せいふ》が西郷暗殺《さいごうあんさつ》を計画《けいかく》した。さもありなんという感《かん》じだった。

二月《がつ》十一日《にち》、西郷《さいごう》がウイリスの家《いえ》にいるサトウを訪《たず》ねてきた。なつかしい人《ひと》だった。西《さい》郷《ごう》の護衛《ごえい》として、かつては〝人斬《ひとき》り半次郎《はんじろう》〟とあだ名《な》された剣客《けんかく》の桐野利秋《きりのとしあき》もついてきていた。

桐野《きりの》は陸軍中将《りくぐんちゅうじょう》、新政府《しんせいふ》では熊本鎮台司令長官《くまもとちんだいしれいちょうかん》までつとめたが、盟友西郷《めいゆうさいごう》とともに辞職《じしょく》して薩摩《さつま》に帰《かえ》ってきた。

「ことここに至《いた》っては、もうやむを得《え》もはん」

と西郷《さいごう》が二月《がつ》十五日《にち》を期《き》して決起《けっき》することを正直《しょうじき》にうちあけたのは、サトウを信《しん》じているからだろう。

薩摩《さつま》はサムライの国《くに》である。そのサムライたちが、暴発《ぼうはつ》のまえのひとときを悠然《ゆうぜん》とすごしていた。

西郷《さいごう》は死《し》ぬつもりのようだった。

「おはんには、いかいお世話《せわ》になりもした」

西郷《さいごう》が大《おお》きなてのひらをさし出《だ》した。

「西郷《さいごう》さん」

といったまま絶句《ぜっく》して、サトウはそのあたたかい手《て》をにぎり返《かえ》した。

それが西郷《さいごう》との最後《さいご》の別《わか》れとなった。

二月《がつ》十五日《にち》、私学校《しがっこう》を中心《ちゅうしん》とする一万《まん》三千人《ぜんにん》が、西郷暗殺《さいごうあんさつ》の陰謀《いんぼう》を政府《せいふ》に尋問《じんもん》するという理由《りゆう》をかかげて北上《ほくじょう》を開始《かいし》し、鎮台兵《ちんだいへい》のいる熊本城《くまもとじょう》にむかった。

西郷《さいごう》はもとめられるままに、盟主《めいしゅ》の座《ざ》についた。

おなじ薩摩人《さつまじん》として幕末以来《ばくまついらい》、ともに手《て》をたずさえてきた西郷《さいごう》と大久保利通《おおくぼとしみち》との運命的《うんめいてき》な対決《たいけつ》ともなって、西南戦争《せいなんせんそう》ははじまった。

戦線《せんせん》はほぼ九州全域《きゅうしゅうぜんいき》に拡大《かくだい》されて、薩摩軍《さつまぐん》の士気《しき》は凄《すさ》まじく、政府軍《せいふぐん》を悩《なや》ませたが、しだいに、追《お》いこまれていった。九月《がつ》二十四日《か》の午前《ごぜん》三時《じ》、彼《かれ》らが死《し》に場所《ばしょ》と決《き》めて立《た》てこもった城山《しろやま》の総攻撃《そうこうげき》が、山県有朋《やまがたありとも》の指揮《しき》によって決行《けっこう》された。

城山陥落《しろやまかんらく》。西郷《さいごう》は切腹《せっぷく》した。

政府軍《せいふぐん》の戦死者《せんししゃ》六千《せん》二百《ひゃく》七十八人《にん》、負傷者《ふしょうしゃ》九千《せん》五百《ひゃく》二十三人《にん》。西郷軍《さいごうぐん》の戦死者《せんししゃ》は二万《まん》

人《にん》を超《こ》えるとみられ、そのうえ、戦後《せんご》に二千《せん》七百《ひゃく》六十四人《にん》が処刑《しょけい》されている。最後《さいご》にして最大規模《さいだいきぼ》の士族反乱《しぞくはんらん》は終結《しゅうけつ》した。

これが自分《じぶん》たちの推《お》した明治維新《めいじいしん》のひとつの終末《しゅうまつ》かと、サトウはある虚《むな》しさを覚《おぼ》えながら、鳴《な》り物入《ものい》りで文明開化《ぶんめいかいか》を謳歌《おうか》する近代国家日本《きんだいこっかにほん》をながめやる日々《ひび》が離日《りにち》の日《ひ》までつづいた。

第六章 わが愛せしジパング

わかれ

翌日《よくじつ》、江戸《えど》に長《なが》い別《わか》れを告《つ》げました。
ロンドン警察《けいさつ》から派遣《はけん》されてきている
公使館《こうしかん》付《づ》き騎馬《きば》護衛隊《ごえいたい》の営舎《えいしゃ》の入口《いりぐち》を通《とお》ったとき、
ピーコック警視《けいし》とその部下《ぶか》が
旅《たび》の無事《ぶじ》を祈《いの》ってくれました。
わたしの日本人《にほんじん》護衛《ごえい》四名《めい》は、
はるばる梅屋敷《うめやしき》まで送《おく》ってきてくれました。
わたしたちは、そこで、別杯《べっぱい》をくみかわしました。

東久世《ひがしくぜ》は出発《しゅっぱつ》を惜《お》しむ挨拶状《あいさつじょう》をよこし、
それにそえて大《おお》きな蒔絵《まきえ》の用箪笥《ようだんす》を届《とど》けてくれました。
これは外交関係《がいこうかんけい》を円満《えんまん》にするために尽《つ》くした
わたしの努力《どりょく》に対《たい》して、
天皇《てんのう》が嘉賞《かしょう》（良《よ》いとしてほめること）された
しるしということでありました。
わたしはペニンスラ・アンド・オリエンタル汽船会社《きせんがいしゃ》の
オッタワ号《ごう》で横浜《よこはま》を出発《しゅっぱつ》しました。
船長《せんちょう》はエヂモンドで、船《ふね》は八百《ぴゃく》十四トンでした。
居留地《きょりゅうち》のイギリス人《じん》は、
同行《どうこう》のパークス公使《こうし》夫人《ふじん》に敬意《けいい》を表《ひょう》して、
楽隊《がくたい》をさしむけました。

楽隊《がくたい》は、船《ふね》の錨《いかり》があげられるとき、
「ホーム・スィートホーム」を演奏《えんそう》しました。
わたしは両目《りょうめ》に涙《なみだ》のにじみ出《で》るのを感《かん》じました。
それは大好《だいす》きな音楽《おんがく》を聞《き》くとき、
つねにわき起《お》こる感情《かんじょう》のためだったのか、
あるいは六年半《ねんはん》もたいそう幸福《こうふく》にすごした国《くに》を
去《さ》るときの愛惜《あいせき》の気持《きも》ちからであったか、
なんともいいようのないものでした。

日本人妻《にほんじんづま》と子《こ》どもたち

サトウが武田兼《たけだかね》という日本女性《にほんじょせい》と結婚《けっこん》したのは、明治《めいじ》四(一八七一)年《ねん》ごろといわれている。サトウが二十八歳《さい》、兼《かね》が十八歳《さい》だった。

最初《さいしょ》に生《う》まれたのは、女《おんな》の子《こ》だが、一年《ねん》五カ月《げつ》で死《し》んだ。長男栄太郎《ちょうなんえいたろう》が明治《めいじ》十三(一八八〇)年《ねん》、次男久吉《じなんひさよし》は明治《めいじ》十六(一八八三)年《ねん》に生《う》まれた。

兼《かね》は江戸《えど》生まれだが、出自《しゅつじ》はよくわからない。三田《みた》の指物師《さしものし》の娘《むすめ》といわれるが、イギリス公使館《こうしかん》に出入《でい》りしていた庭木職《にわきしょく》の娘《むすめ》ともいわれている。

サトウとは、正式《せいしき》の結婚《けっこん》ではない。兼《かね》は、イギリス公使館《こうしかん》の通訳官《つうやくかん》、また公使夫人《こうしふじん》として表《おもて》に出《で》ることのない内妻《ないさい》のままで、昭和《しょうわ》七(一九三二)年《ねん》、「日本人妻《にほんじんづま》」としての生涯《しょうがい》を終《お》えた。

サトウはイギリスの父親《ちちおや》から、結婚《けっこん》をうながすような手紙《てがみ》をうけとったこともあるが、それには答《こた》えず、兼《かね》と結婚《けっこん》したこともついに報告《ほうこく》しなかった。従《したが》って兼《かね》をイギリスにつれて行《い》くこともしなかった。

サトウは膨大《ぼうだい》な量《りょう》にのぼる日記《にっき》をのこしているが、兼《かね》のことには、なぜかあまり触《ふ》れていないばかりか「O・K」（お兼《かね》さんの意味《いみ》だろう）とイニシアルで書《か》いた。


サトウが公使《こうし》として日本《にほん》にもどってからは、とうぜん家族《かぞく》についての記述《きじゅつ》は多《おお》くなるが、栄太郎《えいたろう》と久吉《ひさよし》の名《な》は登場《とうじょう》する〔通常《つうじょう》EとHとして〕ものの、兼《かね》については「O・K」という略語《りゃくご》が使用《しよう》されるだけで、家族全体《かぞくぜんたい》をさすときには通常《つうじょう》「富士見町《ふじみちょう》」と書《か》かれた。

（長岡祥三《ながおかしょうぞう》・関口英男《せきぐちひでお》著《ちょ》『アーネスト・サトウの生涯《しょうがい》』）


サトウがどうして兼《かね》を正式《せいしき》な妻《つま》としなかったのか。その理由《りゆう》はわからない。

日本在住《にほんざいじゅう》の外国人《がいこくじん》が、祖国《そこく》に正妻《せいさい》がありながら、日本《にほん》にいるあいだ、いわゆる「日本人《にほんじん》妻《づま》」と事実上《じじつじょう》の夫婦生活《ふうふせいかつ》を送《おく》り、子《こ》どもまでもうけながら、それらの家族《かぞく》をすてて帰国《きこく》するという例《れい》はめずらしくない。

長崎《ながさき》オランダ商館付《しょうかんづ》きのドイツ人医師《じんいし》シーボルトがそうだった。しかし、サトウはイギリスに正妻《せいさい》がいたわけではない。彼《かれ》は独身《どくしん》であり、すくなくとも妻《つま》といえる女性《じょせい》は日本《にほん》でむすばれた武田兼《たけだかね》だけである。

それなのに、なぜサトウは兼《かね》や栄太郎《えいたろう》、久吉《ひさよし》という家族《かぞく》のことをかくそうとしたのだろう。日記《にっき》にまで家族《かぞく》の名《な》を暗号《あんごう》らしく書《か》かなければならなかったのか。

当時《とうじ》のヨーロッパ、あるいは欧米《おうべい》における東洋人《とうようじん》に対《たい》する人種偏見《じんしゅへんけん》は、たしかにあったし、現代《げんだい》でもそれがまったくなくなったとはいえない。

あれほどの日本贔屓《にほんびいき》というより心《こころ》からの日本理解者《にほんりかいしゃ》であるアーネスト・サトウが、イギリスにいる親族《しんぞく》もふくめた、そういう白人優越《はくじんゆうえつ》の風圧《ふうあつ》に耐《た》える強靭《きょうじん》な精神《せいしん》を持《も》てなかったことを悲《かな》しく思《おも》うばかりだ。

しかしそんな僻《ひが》んだ詮索《せんさく》はやめて、サトウの心情《しんじょう》は永遠《えいえん》の謎《なぞ》としておくのがよいのかもしれない。

ただ、日本《にほん》の家族《かぞく》に対《たい》するサトウの優《やさ》しい思《おも》いやり、兼《かね》への深《ふか》い愛情《あいじょう》は、まぎれもなく真実《しんじつ》であったことは信《しん》じてよい。そして、かたくむすばれたサトウと兼《かね》の愛情《あいじょう》は、断《だん》じて他人《たにん》が立《た》ちいることのできない男《おとこ》と女《おんな》の聖域《せいいき》である。

サトウが家族《かぞく》のために東京麹町区富士見町《とうきょうこうじまちくふじみちょう》にあった四百《ひゃく》七十一坪《つぼ》(約千六百平方《やくせんぴゃくへいほう》メートル)の広大《こうだい》な元旗本屋敷《もとはたもとやしき》を買《か》いとってそこに住《す》まわせたのは、明治《めいじ》十七(一八八四)年《ねん》のことだった。

サトウは、外交官《がいこうかん》としてバンコク、モンテヴィデオ、タンジール、北京《ペキン》を遍歴《へんれき》、そしてイギリスに帰国《きこく》し、英国《えいこく》デヴォンシャイア州《しゅう》オタリー・セント・メリーに隠棲《いんせい》したが、そのあいだ東京《とうきょう》の家族《かぞく》への経済的《けいざいてき》な仕送《しおく》りはずっとつづけた。

ふたりの子《こ》どもの教育《きょういく》にも心《こころ》をくばった。二十歳《さい》になった長男栄太郎《ちょうなんえいたろう》はサトウの指示《しじ》により、ロンドンに赴任《ふにん》する駐英公使《ちゅうえいこうし》・林董《はやしただし》に同行《どうこう》するかたちで横浜《よこはま》を出航《しゅっこう》した。サトウは彼《かれ》をケンブリッジ大学《だいがく》で学《まな》ばせるつもりだったが、結核《けっかく》を発病《はつびょう》したので、アメリカに渡《わた》り、農場《のうじょう》で静養《せいよう》させることにした。

栄太郎《えいたろう》を見舞《みま》うためアメリカ回《まわ》りで日本《にほん》とイギリスを往復《おうふく》したりもした。栄太郎《えいたろう》はルーシーというアメリカ女性《じょせい》と結婚《けっこん》したが、日本《にほん》には一度《いちど》も帰《かえ》らないまま、昭和元《しょうわがん》(一九二六)年《ねん》、四十六歳《さい》で病没《びょうぼつ》した。サトウが、オタリー・セント・メリーで死《し》ぬ三年《ねん》まえのことである。

次男久吉《じなんひさよし》と父《ちち》との文通《ぶんつう》は、サトウがタンジールにいる九歳《さい》のときからはじまっている。サトウが次男《じなん》の久吉《ひさよし》に宛《あ》てた手紙《てがみ》は、七十八通《つう》のこっている。

ふたりが交《か》わした手紙《てがみ》は、植物《しょくぶつ》に関《かん》するものが多《おお》い。

武田久吉《たけだひさよし》は東京府立第一中学校《とうきょうふりつだいちゅうがっこう》を卒業《そつぎょう》、東京外国語学校《とうきょうがいこくごがっこう》を卒業《そつぎょう》したのち、父《ちち》サトウの世話《せわ》でロンドンの帝国理工科大学《ていこくりこうかだいがく》、バーミンガム大学《だいがく》に留学《りゅうがく》、王立《おうりつ》キュー植物園《しょくぶつえん》で植物学《しょくぶつがく》を研究《けんきゅう》して帰国《きこく》した。

理学博士《りがくはくし》の学位《がくい》を取得《しゅとく》し、北海道帝国大学《ほっかいどうていこくだいがく》などで講師《こうし》をつとめ、すぐれた植物学者《しょくぶつがくしゃ》として知《し》られるようになった。

群馬《ぐんま》・福島県境《ふくしまけんざかい》にある湖沼《こしょう》「尾瀬沼《おぜぬま》」は、本州最大《ほんしゅうさいだい》の湿原《しつげん》で、ミズバショウ・ニッコウキスゲなどが群生《ぐんせい》する。武田久吉《たけだひさよし》は尾瀬《おぜ》を愛《あい》し、その自然保護《しぜんほご》を訴《うった》えて多《おお》くの賛同者《さんどうしゃ》をあつめた。

明治《めいじ》三十八(一九〇五)年《ねん》には小島烏水《こじまうすい》らと日本山岳会《にほんさんがくかい》を設立《せつりつ》。昭和《しょうわ》五(一九三〇)年《ねん》から京都帝大《きょうとていだい》、九州帝大《きゅうしゅうていだい》、北海道帝大《ほっかいどうていだい》で植物学《しょくぶつがく》を講《こう》じた。昭和《しょうわ》四十七(一九七二)年《ねん》、家族《かぞく》に看《み》とられながら九十九歳《さい》の長寿《ちょうじゅ》をまっとうした。

アーネスト・サトウの血脈《けつみゃく》は、大自然《だいしぜん》や植物《しょくぶつ》の根《ね》となって、愛《あい》するジパングの大地《だいち》を潤《うるお》しつづけるのである。

恋《こい》しきお兼《かね》さん

武田《たけだ》兼《かね》はいつもサトウを待《ま》つあけくれだったが、健気《けなげ》に家《いえ》を守《まも》り、しっかり子《こ》どもを育《そだ》てた。

遺《のこ》された写真《しゃしん》を見《み》ると、背筋《せすじ》をのばしたすがたからは長身《ちょうしん》の美人《びじん》で、その写真《しゃしん》の背景《はいけい》に写《うつ》っているテーブルの上《うえ》に置《お》いてある写真帳《しゃしんちょう》らしいものは、武田家《たけだけ》にのこっているアルバムなのだろう。サトウと兼《かね》と、ふたりの子《こ》どもと、そして来日《らいにち》して去《さ》るまで激動《げきどう》した日本《にほん》の歴史《れきし》とともに浮《う》かぶアーネスト・サトウというイギリス人《じん》の青春《せいしゅん》の記録《きろく》である。

兼《かね》はアーネストを信《しん》じ愛《あい》し、子《こ》どもを深《ふか》く愛《あい》した。

武田家《たけだけ》の発信受信記録帳《はっしんじゅしんきろくちょう》——明治《めいじ》三十八年《ねん》から昭和《しょうわ》四年《ねん》——には、兼《かね》が北京《ペキン》・イギリスのサトウ、アメリカの栄太郎《えいたろう》、イギリス留学中《りゅうがくちゅう》の久吉《ひさよし》と交《か》わした手紙《てがみ》の記録《きろく》が整理《せいり》されている。兼《かね》が愛《あい》をこめて品物《しなもの》や手紙《てがみ》を家族《かぞく》たちに送《おく》りつづけたことがわかる着信欄《ちゃくしんらん》には、三百《びゃく》三十七通《つう》が記録《きろく》され、うち百《ひゃく》八十八通《つう》が遺《のこ》されている。

サトウが兼《かね》に送《おく》った愛情《あいじょう》こまやかな手紙《てがみ》は、のこっているだけで、六十三通《つう》ある。大正《たいしょう》十四(一九二五)年《ねん》二月《がつ》十四日《か》、サトウはオタリー・セント・メリーの家《いえ》から、兼《かね》に手紙《てがみ》を書《か》いた。死《し》ぬ四年前《ねんまえ》である。彼《かれ》は老衰《ろうすい》のために、あれだけ達者《たっしゃ》だった日本語《にほんご》はわすれてしまい、英文《えいぶん》で書《か》いたが、以後《いご》は英文《えいぶん》でもペンがにぎれなくなった。

そのときの手紙《てがみ》は、自分《じぶん》が死《し》んだあと長男栄太郎《ちょうなんえいたろう》がうけとる遺産《いさん》のことや、栄太郎《えいたろう》の健《けん》康《こう》のことなどを気《き》づかう内容《ないよう》だった。

それから二年後《ねんご》には、栄太郎《えいたろう》がアメリカで死《し》んだという兼《かね》からの悲《かな》しい便《たよ》りをうけとるのである。栄太郎《えいたろう》の死《し》を知《し》ってから、彼《かれ》の心身《しんしん》の衰《おとろ》えは加速《かそく》した。昭和《しょうわ》四(一九二九)年《ねん》八月《がつ》二十四日《か》、心不全《しんふぜん》と脳血栓《のうけっせん》により、アーネスト・メイソン・サトウは、オタリー・セント・メリーの家《いえ》で永眠《えいみん》した。八十六歳《さい》だった。日本《にほん》にいる妻《つま》、兼《かね》は三年後《ねんご》の昭和《しょうわ》七(一九三二)年《ねん》、サトウのあとを追《お》った。

サトウが兼《かね》に書《か》いた最後《さいご》の手紙《てがみ》は、一九二五年《ねん》のときのものである。老《お》いの孤独《こどく》を訴《うった》える英文《えいぶん》の書簡《しょかん》は、冒頭《ぼうとう》にローマ字《じ》で、KOISIKI OKANESAN(恋《こい》しきお兼《かね》さん)と書《か》いてあった。その日本語《にほんご》だけは、薄明《はくめい》の脳裏《のうり》にくっきり刻《きざ》まれていたのである。それが兼《かね》に宛《あ》てたサトウの最後《さいご》の愛《あい》の手紙《てがみ》だった。

エピローグ

青《あお》い目《め》の仕掛《しか》け人《にん》

アーネスト・サトウは
『一外交官《いちがいこうかん》の見《み》た明治維新《めいじいしん》』の著書《ちょしょ》で、
多《おお》くの日本人《にほんじん》に親《した》しまれている。
連合艦隊《れんごうかんたい》の下関襲撃《しものせきしゅうげき》のときは、
旗艦《きかん》ユーリアラス号《ごう》に乗《の》って戦場《せんじょう》にあらわれ、
高杉晋作《たかすぎしんさく》とクーパー提督《ていとく》との
講和談判《こうわだんぱん》を通訳《つうやく》した。
伊藤俊輔《いとうしゅんすけ》や

井上聞多《いのうえもんた》と友《とも》だちづきあいをするようになった。
桂小五郎《かつらこごろう》や西郷隆盛《さいごうたかもり》や勝海舟《かつかいしゅう》とも親《した》しくした。
そして日本《にほん》の女性《じょせい》を奥《おく》さんにして
三人《にん》の子《こ》どもも生《う》まれている。

とにかくアーネスト・サトウは、
自由《じゆう》に日本語《にほんご》をあやつり、
漢字《かんじ》だって楷書《かいしょ》も行書《ぎょうしょ》も草書《そうしょ》まで美《うつく》しく書《か》けた。
日本《にほん》のあちこちを旅行《りょこう》して、
すばらしい日本旅行《にほんりょこう》ガイド・ブックだって
書《か》いている。
日本《にほん》の宗教《しゅうきょう》・芸術《げいじゅつ》にもくわしく、
その関係《かんけい》の本《ほん》も出《だ》している。

十六世紀《せいき》、
イエズス会《かい》の宣教師《せんきょうし》フランシスコ・ザビエルが、
日本《にほん》にやってきたことを、
長《なが》いあいだ日本人《にほんじん》はわすれていた。
ヨーロッパにのこる記録《きろく》を紹介《しょうかい》して、
山口《やまぐち》・大分《おおいた》で伝道《でんどう》したザビエルのことを
日本人《にほんじん》に教《おし》えたのもサトウだった。
尾瀬《おぜ》を愛《あい》した登山家《とざんか》・植物学者《しょくぶつがくしゃ》として知《し》られる
武田久吉博士《たけだひさよしはかせ》はサトウの子《こ》どもである。
サトウが日本《にほん》にのこしたものは
あまりにも多《おお》い。
アーネスト・サトウは、

少年《しょうねん》のころから日本《にほん》にあこがれ、
通訳生《つうやくせい》として
幕末《ばくまつ》の日本《にほん》にやってきて
活躍《かつやく》したイギリスの外交官《がいこうかん》だと
みんなが覚《おぼ》えている。

だが、わたしたちはサトウがやってのけた
たいへんな仕事《しごと》のことを見《み》おとしている。
サトウが『英国策論《えいこくさくろん》』の著者《ちょしゃ》であることを。
それで明治維新《めいじいしん》を加速《かそく》させた
青《あお》い目《め》の陰《かげ》の仕掛《しか》け人《にん》であることを。

ああ日本駐箚特命全権公使《にほんちゅうさつとくめいぜんけんこうし》

一八八三(明治《めいじ》十六)年《ねん》、
サトウは休暇《きゅうか》をとって、
ふたたび帰国《きこく》。
翌年《よくねん》、日本公使《にほんこうし》館通訳官《かんつうやくかん》を解任《かいにん》され、
灼熱《しゃくねつ》のシャム王国駐箚総領事《おうこくちゅうさつそうりょうじ》を命《めい》じられ、
首都《しゅと》バンコクに赴任《ふにん》した。
さらに翌年《よくねん》、
同国駐箚特命全権公使《どうこくちゅうさつとくめいぜんけんこうし》に昇進《しょうしん》した。

晴《は》れて女王陛下《じょおうへいか》の使臣《ししん》となったのである。
四十二歳《さい》だった。
以後《いご》、南米《なんべい》ウルグアイ駐箚特命全権公使《ちゅうさつとくめいぜんけんこうし》、
その次《つぎ》は、
砂漠《さばく》の大地《だいち》アフリカはモロッコ駐箚特命全権公使《ちゅうさつとくめいぜんけんこうし》。
そして一八九五(明治《めいじ》二十八)年《ねん》、
ついに日本駐箚特命全権公使《にほんちゅうさつとくめいぜんけんこうし》となって、
東京《とうきょう》に着任《ちゃくにん》した。
女王陛下《じょおうへいか》の使臣《ししん》としてジパングに渡《わた》るという
少年《しょうねん》のころに
イギリスで描《えが》いた夢《ゆめ》は実現《じつげん》したのだった。
サーの称号《しょうごう》をあたえられ、

日本《にほん》には五年間《ねんかん》在任《ざいにん》して、
清国駐箚特命公使《しんこくちゅうさつとくめいこうし》に昇進《しょうしん》、
北京《ペキン》に赴任《ふにん》した。

オルコックやパークスが、
日本《にほん》から昇進《しょうしん》して
清国《しんこく》に行《い》くコースをたどっている。

このときのサトウが五十二歳《さい》だった。
六年後《ねんご》、外交官生活《がいこうかんせいかつ》から引退《いんたい》、
その後《ご》も北海《ほっかい》の寒風《かんぷう》吹きすさぶハーグ市《し》の
国際仲裁裁判所《こくさいちゅうさいさいばんしょ》の
イギリス代表評定員《だいひょうひょうていいん》などつとめたが、
それは女王陛下《じょおうへいか》の使臣《ししん》として日本《にほん》におもむき

『英国策論《えいこくさくろん》』をかかげて、
源平合戦《げんぺいがっせん》以来《いらい》七百年《ひゃくねん》つづいた武家独裁《ぶけどくさい》を打《う》ち破《やぶ》る
維新革命《いしんかくめい》にひとつの役割《やくわり》を果《は》たす大仕事《おおしごと》を
見事《みごと》、仕上《しあ》げてきた
サー・アーネスト・メイソン・サトウにとって、
もはや蛇足《だそく》のような余生《よせい》でしかなかった。

あとがき

イギリス人《じん》のアーネスト・サトウは少年《しょうねん》のころ、日本《にほん》を紹介《しょうかい》する本《ほん》を読《よ》んで、すっかり日本《にほん》が好《す》きになり、外交官《がいこうかん》になって日本《にほん》に行《い》こうという志《こころざし》を立《た》てました。ひとつの夢《ゆめ》を守《まも》り育《そだ》て、努力《どりょく》してそれを実現《じつげん》させたのです。第一《だい》に、そのことがすばらしいではありませんか。

幕末《ばくまつ》、開国以来《かいこくいらい》たくさんの国《くに》から、たくさんの外交官《がいこうかん》が日本《にほん》に着任《ちゃくにん》してきましたが、その人々《ひとびと》のほとんどは、まず外交官《がいこうかん》という職業《しょくぎょう》を選《えら》び、外務省《がいむしょう》の役人《やくにん》になり、命《めい》じられて、たまたま東洋《とうよう》の島国《しまぐに》日本《にほん》にやってきたということでしょう。

サトウの場合《ばあい》は、逆《ぎゃく》なんですね。最初《さいしょ》から日本《にほん》に行《い》きたくて、外交官《がいこうかん》を志《こころざ》し、日本《にほん》を希《き》望《ぼう》した。通訳生《つうやくせい》という下積《したづ》みの仕事《しごと》からはじめて、通訳官《つうやくかん》、書記官《しょきかん》となり、やがて女王陛《じょおうへい》下《か》の委任《いにん》をうけた外交官《がいこうかん》に昇進《しょうしん》、ついに日本駐箚特命全権公使《にほんちゅうさつとくめいぜんけんこうし》という最終目標《さいしゅうもくひょう》に到達《とうたつ》し、サーの称号《しょうごう》をさずけられて名誉《めいよ》ある人生《じんせい》を完成《かんせい》させました。

日本《にほん》に赴任《ふにん》してきて、誠実《せいじつ》に外交官《がいこうかん》の職務《しょくむ》をはたしているうちに、日本《にほん》が好《す》きになり日《に》本贔屓《ほんびいき》になるという人《ひと》はいますが、サトウは少年《しょうねん》のころからの筋金《すじがね》入りの日本贔屓《にほんびいき》です。

わたしはこの本《ほん》を書《か》いていて、サトウほど日本《にほん》および日本人《にほんじん》が好《す》きで、心《こころ》から日本《にほん》を愛《あい》した外交官《がいこうかん》が、ほかにいただろうかとつくづく思《おも》いました。

サトウは外交官《がいこうかん》としての活動《かつどう》のほか、個人的《こじんてき》な幅広《はばひろ》い日本研究《にほんけんきゅう》の成果《せいか》を遺《のこ》しています。

またサトウが書《か》いた『英国策論《えいこくさくろん》』がわすれられません。それは幕末《ばくまつ》の政局《せいきょく》や日本史《にほんし》の方向《ほうこう》に深《ふか》くかかわる論文《ろんぶん》で、重要《じゅうよう》な明治維新資料《めいじいしんしりょう》とされています。サトウは自分《じぶん》でも『英国策論《えいこくさくろん》』は「容易《ようい》ならざる非常過激《ひじょうかげき》な論《ろん》である」といっています。外交官《がいこうかん》としては、やや出過《です》ぎたことでしたが、日本《にほん》を心底愛《しんそこあい》したサトウだからこそ、勇敢《ゆうかん》なサムライ精神《せいしん》でこの論文《ろんぶん》発表《はっぴょう》となったのです。いわば彼《かれ》における《仮想《かそう》「愛国心《あいこくしん》」》から生《う》まれたのが、日本《にほん》の近未《きんみ》来《らい》に発言《はつげん》した『英国策論《えいこくさくろん》』だったといえます。

サトウの『英国策論《えいこくさくろん》』は、一般《いっぱん》にはあまり知《し》られていません。この本《ほん》を読《よ》んだ人《ひと》は、それだけでも記憶《きおく》してほしいとわたしは願《ねが》っています。

紀元《きげん》二〇〇五年初夏《ねんしょか》

古川《ふるかわ》　薫《かおる》

むかしの国名

〔1868（明治元）年〕

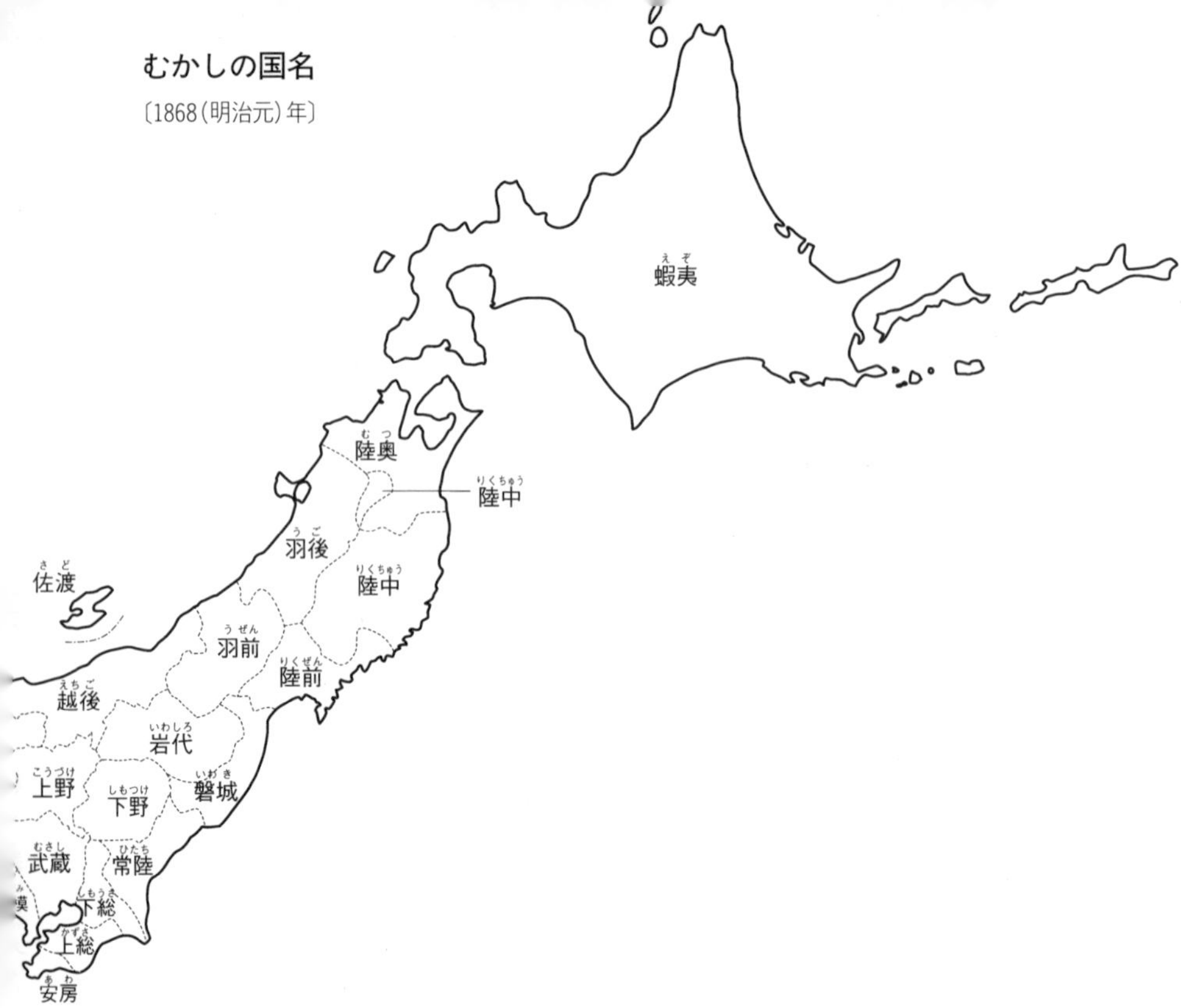

アーネスト・サトウ略年譜《りゃくねんぷ》（カッコ内《ない》は西暦表記《せいれきひょうき》）

年代《ねんだい》	サトウのあゆみと国内《こくない》のうごき（満年齢《まんねんれい》で表記《ひょうき》）
天保《てんぽう》十四年《ねん》 一八四三	六月三日《がつみっか》（六・三〇）、ロンドンで生《う》まれる。前年《ぜんねん》、アヘン戦争終《せんそうお》わる。
文久元年《ぶんきゅうがんねん》 一八六一	イギリス外務省通訳生試験《がいむしょうつうやくせいしけん》に合格《ごうかく》。日本領事部門通《にほんりょうじぶもんつう》訳生《やくせい》に任命《にんめい》。米国南北戦争《べいこくなんぼくせんそう》はじまる。 十八歳《さい》
文久《ぶんきゅう》二年《ねん》 一八六二	九月八日《がつようか》（八・一五）、横浜港《よこはまこう》に到着《とうちゃく》。生麦事件《なまむぎじけん》、公《こう》使館《しかん》焼《や》き打《う》ち。 十九歳《さい》
文久《ぶんきゅう》三年《ねん》 一八六三	薩英戦争《さつえいせんそう》。軍艦《ぐんかん》で鹿児島《かごしま》に行《い》き、戦闘《せんとう》を見学《けんがく》する。長州藩《ちょうしゅうはん》攘夷戦争《じょういせんそう》はじめる。 二十歳《さい》
慶応《けいおう》二年《ねん》 一八六六	ジャパン・タイムズ紙《し》に『英国策論《えいこくさくろん》』を匿名《とくめい》で連載《れんさい》する。薩長連合《さっちょうれんごう》なる。長州征伐《ちょうしゅうせいばつ》はじまる。 二十三歳《さい》
明治元年《めいじがんねん》 一八六八	十二月七日《がつなのか》（一・一）、日本語書記官《にほんごしょきかん》に任命《にんめい》される。パークス公使《こうし》に随行《ずいこう》、大坂城《おおさかじょう》で将軍《しょうぐん》慶喜《よしのぶ》と会見《かいけん》。二月《がつ》二十三日《にち》（三・三〇）、京都御所参内《きょうとごしょさんだい》の途中《とちゅう》で、刺《し》客《かく》に襲《おそ》われる。鳥羽《とば》・伏見《ふしみ》の戦《たたか》い、戊辰戦争《ぼしんせんそう》はじまる。 二十五歳《さい》
明治《めいじ》二年《ねん》 一八六九	十一月《がつ》二十三日《にち》（一・五）、江戸城《えどじょう》で天皇《てんのう》に謁見《えっけん》。藩《はん》籍奉還《せきほうかん》。 二十六歳《さい》

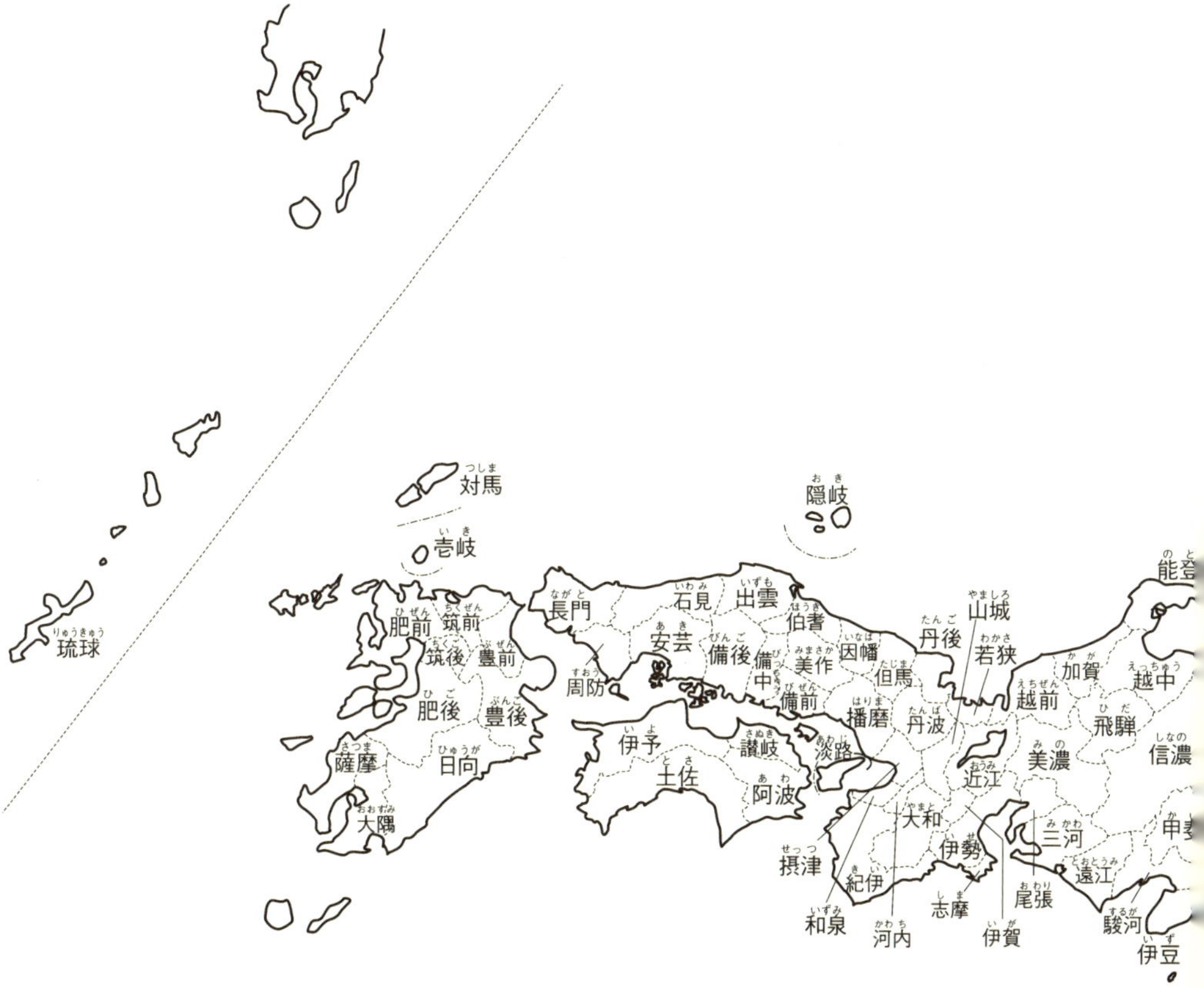

明治《めいじ》四年《ねん》 一八七一	武田兼《たけだかね》と所帯《しょたい》を持《も》つ。廃藩置県《はいはんちけん》。	二十八歳《さい》
明治《めいじ》十年《ねん》 一八七七	二月《がつ》、鹿児島《かごしま》で、西郷隆盛《さいごうたかもり》と別杯《べっぱい》。西南戦争《せいなんせんそう》はじまる。	三十四歳《さい》
明治《めいじ》十七年《ねん》 一八八四	一月《がつ》、バンコク（シャム）駐在代表兼《ちゅうざいだいひょうけん》 総領事《そうりょうじ》に任命《にんめい》される。農村《のうそん》の不況《ふきょう》、深刻化《しんこくか》する。	四十一歳《さい》
明治《めいじ》二八年《ねん》 一八九五	五月《がつ》、日本駐箚特命全権公使《にほんちゅうさつとくめいぜんけんこうし》に任命《にんめい》され、日本《にほん》に帰国《きこく》。サーの称号授与《しょうごうじゅよ》される。日清講和《にっしんこうわ》なる。三国干渉《さんごくかんしょう》はじまる。	五十二歳《さい》
明治《めいじ》三三年《ねん》 一九〇〇	五月《がつ》、日本勤務《にほんきんむ》を終《お》えイギリスに帰国《きこく》。その後《ご》、清国駐箚特命全権公使《しんこくちゅうさつとくめいぜんけんこうし》に任命《にんめい》される。清国《しんこく》、列国《れっこく》に宣戦布告《せんせんふこく》する。	五十七歳《さい》
明治《めいじ》三九年《ねん》 一九〇六	五月《がつ》、清国駐箚特命全権公使勤務《しんこくちゅうさつとくめいぜんけんこうしきんむ》を終《お》えイギリスに帰国《きこく》。南満州鉄道会社設立《みなみまんしゅうてつどうがいしゃせつりつ》される。	六十三歳《さい》
明治《めいじ》四十年《ねん》 一九〇七	三月《がつ》、オタリー・セント・メリーの家《いえ》に入居《にゅうきょ》。第《だい》一次《じ》日露協定締結《にちろきょうていていけつ》される。	六十四歳《さい》
大正《たいしょう》十年《ねん》 一九二一	『一外交官《いちがいこうかん》の見《み》た明治維新《めいじいしん》』を出版《しゅっぱん》。ワシントン会議《かいぎ》なる。	七十八歳《さい》
昭和《しょうわ》四年《ねん》 一九二九	八月《がつ》二十六日《にち》、オタリー・セント・メリーで死去《しきょ》。世界恐慌《せかいきょうこう》はじまる。	八十六歳《さい》

古川　薫（ふるかわ　かおる）
1925年、山口県下関市に生まれる。山口大学卒業。山口新聞編集局長を経て文筆活動に入る。1991年、『漂泊者のアリア』で第104回直木賞を受賞する。著書に『正午位置』『ザビエルの謎』『高杉晋作 わが風雲の詩』『留魂の翼 吉田松陰の愛と死』『毛利一族』『軍神』などがある。

岡田嘉夫（おかだ　よしお）
1937年、兵庫県神戸市に生まれる。1971年から、さし絵の世界に入る。1973年、『その名は娼婦』他の作品で講談社出版文化賞（さし絵部門）を受賞。作品に『絵草子源氏物語』『源氏たまゆら』『絵双紙妖綺譚 朱鱗の家』『みだれ絵双紙 金瓶梅』などがある。

アーネスト・サトウ 女王陛下の外交官　時代を動かした人々（維新篇）

2005年10月15日　第1刷発行　　2006年6月5日　第2刷発行

著者／**古川《ふるかわ**　**薫》《かおる》**　　画家／**岡田嘉夫**《おかだよしお》
編集／上野和子
発行者／小峰紀雄

発行所／㈱**小峰書店**　〒162-0066 東京都新宿区市谷台町4-15
☎03-3357-3521　FAX03-3357-1027
http://www.komineshoten.co.jp/
本文組版／株式会社 タイプアンドたいぽ
印刷／株式会社 三秀舎　製本／小高製本工業株式会社

NDC913

185P　22cm　　ISBN4-338-17108-1
乱丁・落丁本はお取りかえいたします。